2022年上海市促进文化创意产业发展财政扶持资金产业研究类项目（2022020015）

Fashion
CONSUMER GOODS

SHANGHAI

上海时尚消费品
产业研究

马晨曲 / 著

东华大学出版社
·上海·

目录 Contents

第一篇 全球时尚消费品市场发展概况

第一章 全球时尚消费品市场发展概况

2 ｜ 全球时尚消费市场概况

6 ｜ 国内时尚消费品市场概况

9 ｜ 上海时尚消费品市场概况

第二篇 上海时尚消费品行业发展概况

第二章 服饰尚品行业发展概况

14 ｜ 行业总体分析

20 ｜ 重点企业调研分析

29 ｜ 产业集聚新发展

第三章 化妆美品行业发展概况

34 ｜ 行业总体分析

39 ｜ 重点企业调研分析

44 ｜ 产业集聚新发展

第四章 精致食品行业发展概况

47 | 行业总体分析

52 | 重点企业调研分析

61 | 产业集聚新发展

第五章 运动优品行业发展概况

64 | 行业总体分析

69 | 重点企业调研分析

75 | 产业集聚新发展

第六章 生活佳品行业发展概况

77 | 行业总体分析

82 | 重点企业调研分析

90 | 产业集聚新发展

第七章 智能用品行业发展概况

92 | 行业总体分析

102 | 重点企业调研分析

108 | 产业集聚新发展

第八章 工艺精品行业发展概况

111 | 行业总体分析

115 | 重点企业调研分析

120 | 产业集聚新发展

第九章 数字潮品行业发展概况

122 | 行业总体分析

128 | 重点企业调研分析

134 | 产业集聚新发展

第三篇 上海时尚消费品行业热点盘点

第十章 上海时尚消费新产品

138 | 可持续环保产品

140 | 国风国潮产品

143 | 个性化定制产品

145 | 数字虚拟产品

152 | 智能化产品

155 | 功能功效性产品

157 | 地域特色产品

160 | 高质价比产品

第十一章　上海时尚消费新场景

161 | 传统线下场景

168 | 线下特色场景

176 | 线上数字场景

第十二章　上海时尚消费新模式

181 | 跨界联名合作

185 | 全链路营销及消费服务

189 | 专享定制化服务满足个性化需求

191 | 全场景协同

191 | 数字化转型及产品结构优化

193 | 品牌营销与数字艺术结合

第四篇　上海时尚消费品行业趋势分析

第十三章　上海时尚消费品行业趋势

198 | 新中式国潮消费新动力

199 | 绿色可持续性发展

203 | 科技赋能产品，数字经济与实体经济融合发展

206 | 文化助力商品，"寓教于乐"内容至上

208 | 产品市场进一步细分

209 | O2O 模式向 DTC 模式成长，多元化体验备受欢迎

209 | 总结

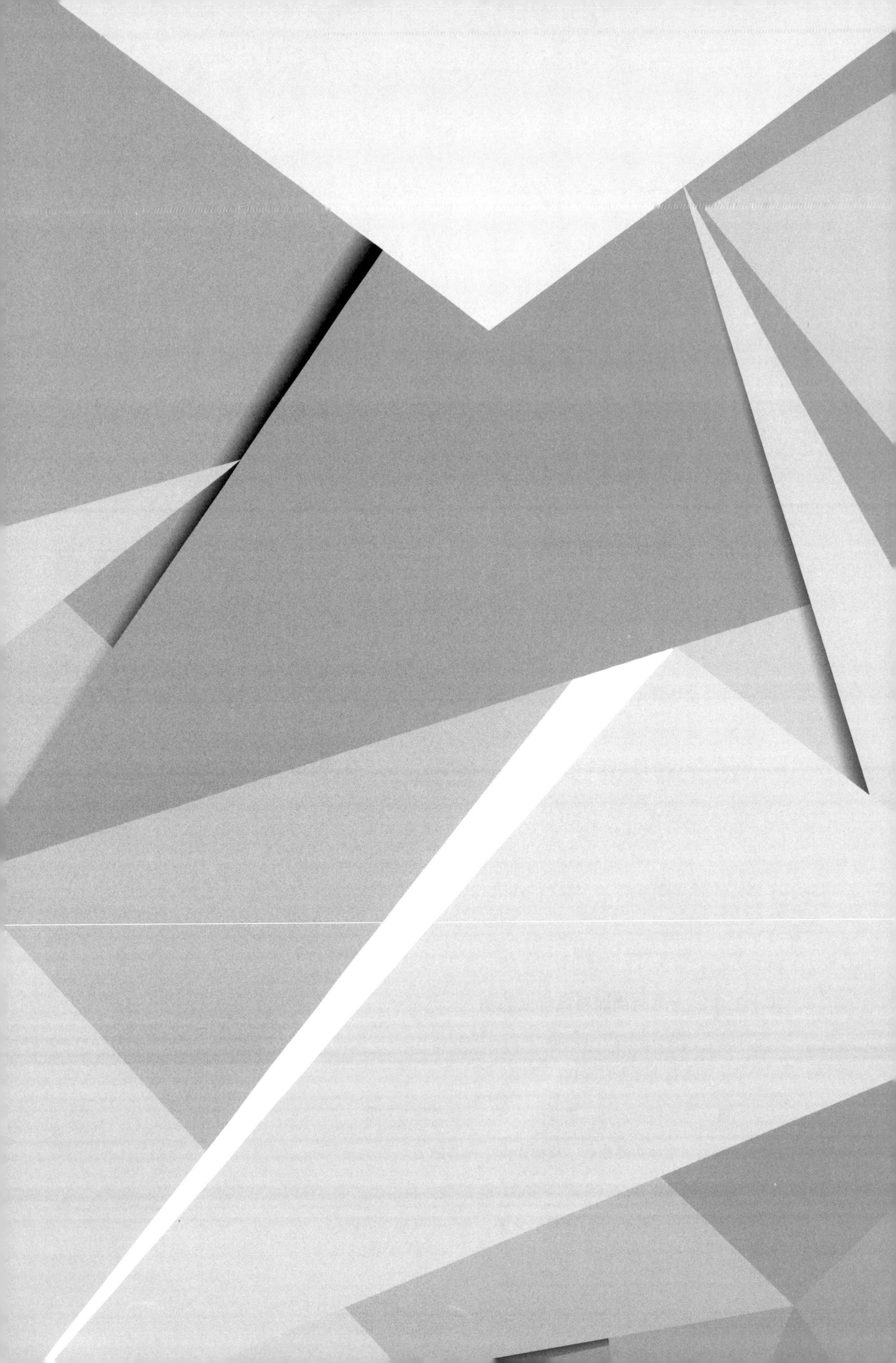

第一篇

全球时尚消费品市场发展概况
MARKET DEVELOPMENT OVERVIEW

第一章　全球时尚消费品市场发展概况
OVERVIEW OF THE DEVELOPMENT OF GLOBAL FASHION CONSUMER GOODS MARKET

消费品一般被定义为用来满足人们物质和文化生活需要的社会产品，消费者购买这些产品并用于个人的物质与精神生活，按使用长短来划分，有一次性或短期使用的普通消费品，也有供长期使用的耐用消费品。2022年9月，上海市发布的《上海市时尚消费品产业高质量发展的行动计划》指出，时尚消费品是遵循人民群众对美好生活的向往，以科技、时尚、绿色为特征的生活消费产品和服务，是上海"3+6"新型产业体系的重要组成部分，在行动计划中，时尚消费品分为服饰尚品、化妆美品、精致食品、运动优品、智能用品、生活佳品、工艺精品、数字潮品八类。围绕着这八类消费品，政府与企业积极地开展激发上海时尚消费品产业新动能、全面增强整体效益与核心竞争力的行动计划。促进上海市时尚消费品产业的发展，不仅要聚焦"时尚八品"打造各自的特色提升路径，更要基于全球战略视角，纵观全球大环境与消费品大趋势，把握世界潮流与时代精神，从而更好地提升上海建设国际消费中心城市的城市竞争力与美誉度。

一、全球时尚消费市场概况

2023年全球经济步入复苏进程，经济增长动力持续回落，整体呈现出稳中向好的发展趋势。面对地缘政治问题、供应链压力和通胀上升等挑战，消费者信心也受到了很大影响，各国的时尚消费品市场均面临着不同的阻力，发展增速放缓。

广告巨头WPP集团（Wire & Plastic Products Group 简称WPP Group）旗下公司Wunderman Thompson于2023年7月发布 *The Future Shopper Report 2023*[1] 报告，这份涵盖18个国家消费

---

[1] WPP. The Future Shopper Report 2003 [R/OL].（2023-07-28）[2024-06-22]. https://www.wundermanthompson.com/insight/the-future-shopper-report-2023.

者调研的报告指出：零售业在2019年至2022年的伤疤仍未愈合，而如今的世界局势仍然动荡不安，通货膨胀、生活成本危机……消费者日益转化的消费习惯与行为引导着消费品市场的发展方向。在此基础上，结合全球市场调研公司欧睿国际发布的《2023全球十大消费者趋势》[1]，可对全球消费品市场的风向进行一定程度的把握。

1. 极致性价比追求：消费降级驱动下的消费选择

由于经济社会尚处于恢复阶段，消费者的理性消费观念愈加明显，在购买过程中更加独立、成熟、慎重。在不容乐观的大环境之下，人们面对日常生活中可替代性高、均价低的消费品往往会进行性价比的比较，从而购买质量更高、更耐用、价格更实惠的产品，经济景气之时的"冲动消费"或"坏了就换新"的消费观念及行为已然一去不复返。普华永道发布《2023年全球消费者洞察调研》显示，消费者对于生活成本上升及其对个人财务状况的影响非常关切，86%的受访者对此表示担忧，51%的消费者正在减少非必要支出（图1-1）。

消费者开始追求极致的性价比，更注重产品的质量和价值。比如在服装消费方面，倾向于选择可多场景穿着且兼具时尚与功能的服装。据《2023天猫服饰行业秋冬趋势白皮书》统计，84%的消费者愿意购买可搭配性强，兼具时尚与功能的服装，可满足多场景需求的服装有效提高使用率。

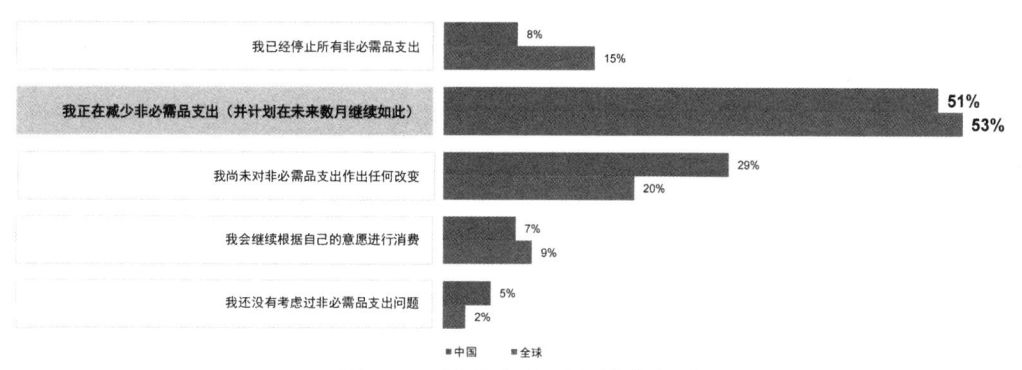

图1-1 消费者的理智消费行为

2. 可持续发展：时尚产业的可持续化转型

当促销已经成为拉动销售额的陈旧手段时，商家开始更加注重产品效益的升级，这种升级除了在产品使用功能与价格战上谋求略胜一筹，更体现在通过企业社会责任感的提高，来提升消费者的好感度，而目前推出"绿色环保"的可持续性产品成为了行业内的热门风向标。

1　Gina West brook. What Are the Top 10 Consumer Trends in 2023 [EB/OL].（2023-07-01）［2024-06-22］.https://www.euromonitor.com/article/what-are-the-top-10-consumer-trends-in-2023.

图 1-2　Sainsfreeze 零售快闪店

在欧睿国际发布的调研报告中，有 43% 的消费者表示自己在 2022 年"减少了能源消费"，34% 的消费者表示在 2022 年自己购买二手产品或以租借的方式代替购买，而这种消费意识恰好与可持续性与环保主义不谋而合。消费者开始重视对环境没有不利影响的可持续绿色产品，并优先选择那些致力于解决气候变化问题和减少废物排放的企业。例如英国第二大连锁超市公司 Sainsbury's 于 2023 年 3 月 10 日宣布将开设"冷冻零售快闪店（Sainsfreeze）"（图 1-2）以展现其可持续环保战略，向消费者展示哪些食品可以冷冻从而增加保鲜期，以减少开支与浪费。

消费降级正在削弱消费者的购买力，提升消费者的环保节能意识，企业也正在积极地洞悉消费者行为，通过提高产品质量与展示环保意识的决策尝试与消费者走得更近。

3. 生活体验多样化：虚拟游戏与户外活动的新兴趋势

尽管消费者在消费品方面正尝试成为"预算控制者"，但此前的居家生活也让人们意识到"及时行乐"的重要性，人们渴望寻找生活的平衡，也希望从 Work from home（居家办公）的日常中找回界限感。这种心态在消费行为上的体现便是游戏文化的大众化和户外运动的流行。

一方面，移动游戏、电子竞技等进入主流视野，玩家几乎遍及所有年龄段，消费者沉迷于虚拟体验感高的游戏中以求得精神上的放松，因此企业认识到电竞产业具有提高盈利收入和扩大影响力的潜力,许多品牌也在积极地推进与游戏经营商的赞助合同。运输公司 Deutsche Post DHL Group(以下简称 DHL)目前发起了一项针对电竞社区的招聘活动,应聘者可以在 DHL 的 DOTA 游戏项目中浏览空缺职位。随着虚拟领域的不断扩展,元宇宙也逐渐成为时尚消费品品牌探索新技术边界和与客户加强联系交互的新方式。图 1-3 为古驰(Gucci)携手 Marsper 推出全新联名虚拟数字形象创作系列,合作灵感来源于"寰宇古驰"(Gucci Cosmos)典藏展中的四套典藏设计,以创意潮玩为 IP 吸引中国年轻消费者。

另一方面,户外出行因人们渴望与外界产生更多联系而十分受欢迎,这种出行一是告别"宅家"生活,追求健康的生活方式,如徒步、露营、瑜伽等成为热门运动促使着 Lululemon、Salomon 等运动品牌的销售数据提升,据 Lululemon 财报所发布:中国地区 2022 年净收入达 6.82 亿美元(约合人民币 46.93 亿元),同比 2021 年增长 30.1%,同比 2020 年增长 128.97%。对比显示,2022 年 Lululemon 北美地区净收入增长了 29%。二是外出消遣娱乐活动,人们乐于走出家门,在购物的同时增加与他人的社交活动,或者说人们乐于为了与他人线下"相拥"而增加外出活动,这也促使着消费体验感的需求增加。图 1-4 为珠宝品牌 Tiffany & Co 在城市中开展"Blue Box Cafe"(蓝盒子咖啡店,意指其代表性的蒂芙尼蓝珠宝盒),让客户在购买珠宝时,也能有坐下来与朋友喝杯咖啡的惬意休闲时光。

图 1-3 古驰(Gucci)携手 Marsper 推出全新联名虚拟数字形象创作系列

图 1-4 Tiffany & Co 蓝盒子咖啡店

可见当下的消费者渴望获得精神与生活方式的放松,将消费品与多种多样的社交圈整合,为人们提供精神与物质的双重体验感成为了品牌的一大策略目标。

二、国内时尚消费品市场概况

1. 中国消费品市场洞察：告别波动，乐观复苏

2024 年我国国民经济总体上延续了去年以来回升向好态势，生产需求的主要指标稳中有升。中国经济在经历了疫情后的复苏期后表现出显著的增长，毕马威（KPMG）2023 年中国消费品零售业的分析报告指出，第一季度的 GDP 增速从 2022 年最后一个季度的 2.9% 上升到 4.5%（图 1-5），这种经济增长也在零售业中得到了反映（图 1-6）。[1] 服务消费热点的出现推动了餐饮、娱乐和旅游等领域的个人消费。此外，人均可支配收入的增加[2]，尤其是在上海、北京和浙江等地区，进一步证明了经济的复苏[3]。

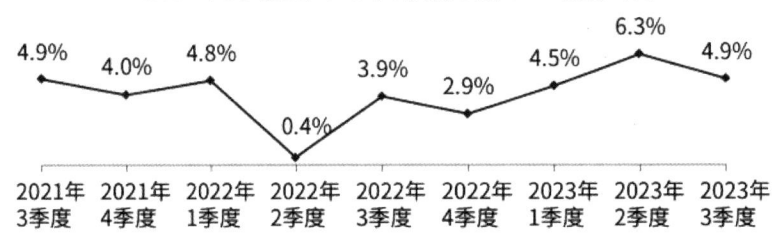

2021年3季度至2023年3季度中国GDP增速（%）

2021年3季度	2021年4季度	2022年1季度	2022年2季度	2022年3季度	2022年4季度	2023年1季度	2023年2季度	2023年3季度
4.9%	4.0%	4.8%	0.4%	3.9%	2.9%	4.5%	6.3%	4.9%

图 1-5　2021 年第三季度至 2023 年第三季度中国 GDP 增速（%）
（数据来源：国家统计局）

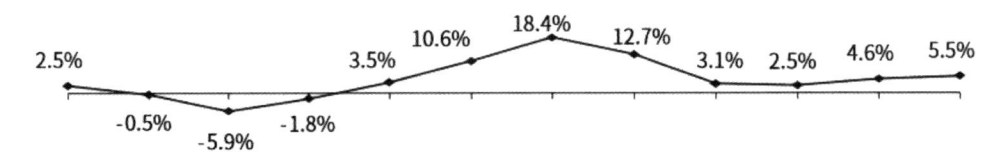

2022年9月至2023年9月零售额同比增长（%）

2022年9月	2022年10月	2022年11月	2022年12月	2023年1/2月	2023年3月	2023年4月	2023年5月	2023年6月	2023年7月	2023年8月	2023年9月
2.5%	-0.5%	-5.9%	-1.8%	3.5%	10.6%	18.4%	12.7%	3.1%	2.5%	4.6%	5.5%

图 1-6　2022 年 9 月至 2023 年 9 月零售额同比增长（%）
（数据来源：国家统计局[4]）

---

[1] 毕马威中国. 消费品零售业季度报告 [EB/OL].（2024-01-31）[2024-06-23]. https://kpmg.com/cn/zh/home/insights/2024/01/quarterly-report-of-consumer-goods-retail-industry-q3-2023.html.

[2] 国家统计局.2023 年居民收入和消费支出情况 [EB/OL].（2024-01-17）[2024-06-23]. https://www.stats.gov.cn/sj/zxfb/202401/t20240116_1946622.html.

[3] 上海市统计局.2023 年居民人均可支配收入及消费支出 _ 居民人均可支配收入及消费支出 [EB/OL].（2024-01-28）[2024-06-23]. https://tjj.sh.gov.cn/ydsj71/20240123/a2aa981aa9f548479d23eabaf8d247ac.html.

[4] 国家统计局.2023 年 12 月份社会消费品零售总额增长 7.4% [EB/OL].（2024-01-28）[2024-06-23]. https://www.stats.gov.cn/sj/zxfb/202401/t20240116_1946619.html.

此外，多个咨询公司发布报告都对中国目前的经济复苏趋势持肯定态度。德勤中国表示，2024年中国的消费市场起步平稳，实物消费逐步复苏，2024年1—2月社会消费品零售总额增速较去年同期提升两个百分点（图1-7）。其中，实物线上零售和餐饮收入是其中的关键驱动。[1]

中国时尚消费品市场在当前阶段表现出复苏态势，主要得益于经济持续回升、居民消费升级和政策支持等多重因素的共同作用。随着技术进步和消费者需求的变化，未来国内消费品市场仍有望保持稳定增长。然而，需要继续关注消费者信心、收入增长和消费结构调整等因素，以确保消费市场的持续健康发展。

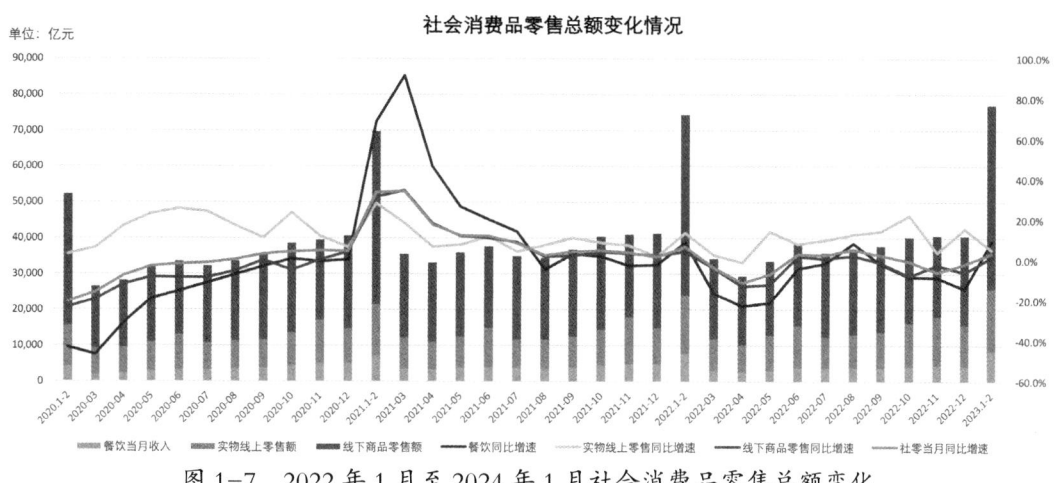

图1-7 2022年1月至2024年1月社会消费品零售总额变化
（数据来源：国家统计局）

2. 消费者与企业：相辅相成，步调一致

国内消费者在2022年末逐渐回归正常生活，这促使大家对各类消费品如食品饮品类、个人护理类、家庭护理类等的需求良性增长，而中国消费者在消费心理上也如第一部分所述，呈现出理性消费、注重健康、支持环保理念、关注消费与社交体验等几类倾向。目前国内消费品市场所呈现的特点如下。

（1）中国传统文化产品大受欢迎

2022年8月的一项调查显示，53%的受访者青睐国产品牌，尤其是在服饰与鞋类上，消费者对"中国风"产品的偏爱促使品牌不断将现代设计与中国文化元素相结合，"国潮"风强劲，

---

[1] 德勤中国. 德勤研究：消费结构变革催生的新业态新模式持续推动消费提质扩容[EB/OL]. (2024-04-14)[2024-06-23]. https://www2.deloitte.com/cn/zh/pages/consumer-business/articles/consumer-products-and-retail-industry-overview-2024.html.

中国市场的部分国际品牌也在尝试与中国文化结合。2022年11月，西班牙高端皮具品牌罗意威（Loewe）发布2023早春中国单色釉系列包袋（图1-8），品牌请教了单色釉工艺领域专家、国家级非遗代表性传承人，表达该系列以中国传统单色釉艺术为灵感，旨在向中国传统极简的陶瓷美学致敬。该系列产品在中国社交平台"火速出圈"，迎来一片支持与好评，可见消费品市场在中国想要以产品抓住顾客，就不得不注重与中国文化的良性结合。

图1-8 罗意威（Loewe）2023早春中国单色釉系列包袋

（2）直播带货火热，O2O市场进一步渗透

凯度（GAIDU）消费者指数报告指出2023年第一季度，抖音首次超越拼多多成为快速消费品市场的第三大电商平台。抖音之所以可以超越拼多多，一大原因是其引领的网红带货模式，这种在网络上具有一定影响力的网红利用其流量开设直播，以超优惠的促销带动消费者直接下单的模式一次次创造了销售额的奇迹。而随着物流的恢复，O2O（Online to Offline）市场进一步渗透消费者生活，中国城镇快速消费品O2O销售额占整体渠道比重在2023年第一季度提升至6.3%（图1-9），这主要归功于对线下大卖场、超市的进一步蚕食。这种"抖音带货下单+快速物流+线下收货"模式是目前中国极具特色的消费模式。

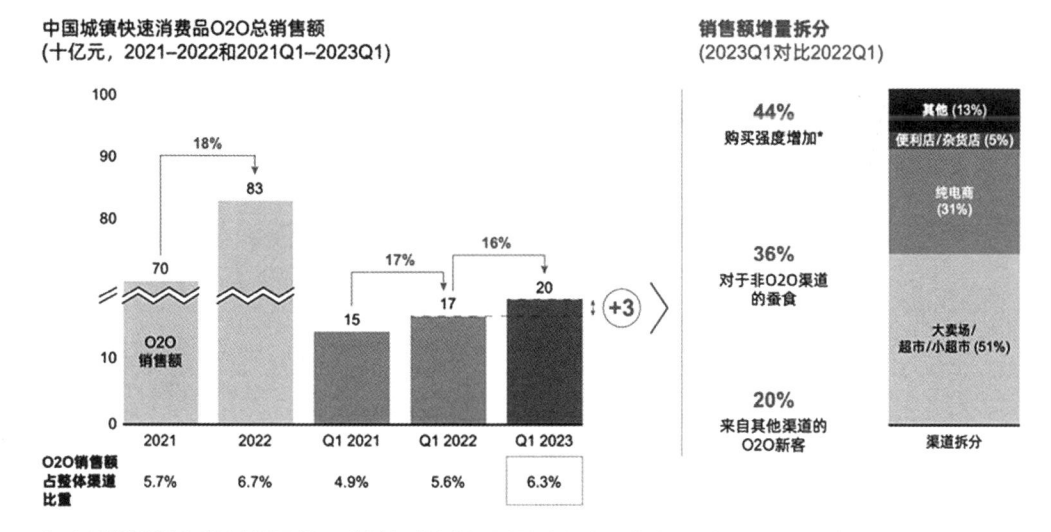

图 1-9　中国快速消费品 O2O 总销售额
（数据来源：凯度消费者指数研究；贝恩分析）

综上所述，中国企业正在谋求与消费者意愿更加同步的步伐，根据消费者心理进行产品升级、改良营销方式以及更新渠道，从而促进快速消费品市场的回温。

三、上海时尚消费品市场概况

2023 年，上海市实现地区生产总值 47218.66 亿元，按不变价格计算，比上年增长 5.0%。分产业看，第一产业增加值 96.09 亿元，下降 1.5%；第二产业增加值 11612.97 亿元，增长 1.9%；第三产业增加值 35509.60 亿元，增长 6.0%。[1]

2023 年，本市实现社会消费品零售总额 18515.50 亿元，比去年同期增长 12.6%。分行业看，2023 年批发和零售业实现零售额 17010.24 亿元，比去年同期增长 11.1%；住宿和餐饮业实现零售额 1505.26 亿元，增长 33.3%。分商品类别看，2023 年吃、穿、用、烧的商品零售额分别为 3622.41 亿元、4472.15 亿元、9857.25 亿元和 563.69 亿元，分别增长 9.0%、25.5%、8.8% 和 14.1%，分别占社会消费品零售总额的 19.6%、24.2%、53.2% 和 3.0%（图 1-10）。[2]

总的来看，目前上海市经济总体保持稳中有进、稳中向好态势，高质量发展扎实推进。

---

[1] 上海市统计局. 2023年上海市国民经济运行情况[EB/OL].（2024-01-28）[2024-06-23]. https://tjj.sh.gov.cn/tjxw/20240126/a4344377b13647e9973707fc0e05bf3e.html.

[2] 上海市统计局. 2023年本市社会消费品零售总额增长12.6%[EB/OL].（2024-01-28）[2024-06-21]. https://tjj.sh.gov.cn/sjxx/20240122/f1db334faed6405c8e5f51d2c949278b.html.

同时也要看到，当前外部环境复杂性、严峻性、不确定性上升，经济发展仍面临一些困难和挑战。上海市人民支付意愿低、控制成本意识强烈导致消费成为一大难题，但上海时尚消费品行业仍有可能在挑战中找寻机遇，为激发市民对美好生活的向往以及满足消费者追求"美"与体验的心理愿望，时尚消费品之"时尚八品"立足于行业升级，与时俱进，切合市场趋势，正积极行动，为全面增强整体效益与核心竞争力而积极行动。

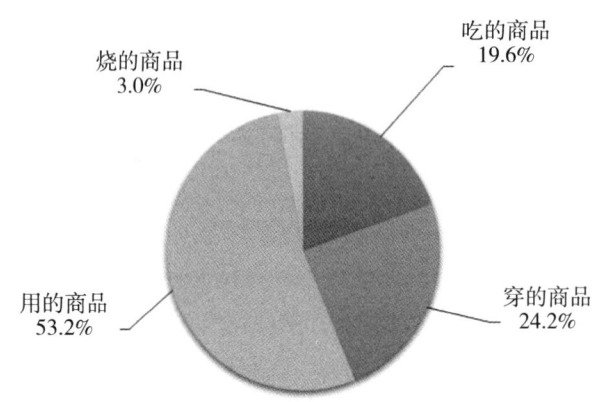

图 1-10　2023 年上海市社会消费品零售额分类统计
（数据来源：上海市统计局）

结合行业动态与消费者视角来看，目前时尚消费品行业能够把握的上海及可辐射周边地区市场环境优势包括以下几点。

1. 时尚消费氛围浓厚

基于经济基础与城市文化"软实力"的多年积累，时髦与优雅已然成为上海的形容词。从一年两季的上海时装周到路边的新意小店，时尚悄无声息地融入城市风格中，不论是年轻人还是中老年人都展现出对时尚消费的浓厚兴趣（图 1-11）。"时尚"对于上海大众来说不是追逐，而是不可抛弃的生活态度，这种生活态度影响着消费者对于优质新产品的接纳和购买意愿。2023 年 3 月小红书首次邀请时尚领域用户在上海新华路 345 弄共同举办"大家时装周"，时装周在长 150 米的上海弄堂中将社区生活与时尚融合，并通过网络邀请所有感兴趣的人一同参与走秀。这次别开生面的时尚活动反响热烈，大量用户报名、走秀、发布网络笔记自发宣传，掀起了一场"时尚平民化"的热潮（图 1-12）。小红书也借此"流量"优势继续开发诸如买手入驻时尚领域业务。由此可见，具有创意性、趣味性和深度的活动或产品都能够在上海"海纳百川"的氛围中找到自己的一席之地。

浓郁的时尚环境是时尚消费品茁壮发展的温室，给予了时尚消费品产业升级优化足够的动力，为时尚消费品行业的发展创造了充足的想象空间。在机遇与挑战并重的现状下，上海时尚消费品行业仍可以保持信心，借环境的优势积极运作自身。

图 1-11　午后在上海街头咖啡店的"老爷叔"们

图 1-12　小红书"大家时装周"宣传海报

2. 消费者更注重情感价值

托马斯·弗里德曼（Thomas L. Friedman）指出，社会经济的增长改变了国民性格，年轻一代需要在消费过程中发现个体的精神需求，找到价值归属感，而不是以商品的使用价值来衡量。在上海，消费者对于包含情感附加值、能够与消费者产生情感联结的产品具有消费意愿。有报告显示，预计2025年中国盲盒行业市场规模将达到250亿元，这类盲盒玩具以可爱的外表、精致的包装以及"盲抽"带来的好奇心与刺激感吸引大量消费者。盲盒在物质消费的表象下，包含隐藏的精神属性与文化价值，具有情感寄托、童趣认同和乌托邦想象的空间；玩家通过盲盒，实现了情感慰藉，并发展出柔性社交、多渠道变现等新功能。[1] 这种情感消费热在上海尤其盛行，盲盒头部品牌泡泡玛特将自己的全球旗舰店开设在上海南京东路，以经典 IP 形象 SKULLPANDA 的浮雕作品作为门店装饰，内部空间强调未来感与科技感，并且开设互动专区，力求给予顾客体验与消费联动的感官与情绪满足，该旗舰店一开业便迅速成为上海新地标，吸引众多上海盲盒爱好者和路人的关注（图 1-13）。

由此可见，在实用功能的基础上，提供优质的文化属性、情感慰藉或审美享受等都能够有效地激发消费者的关注，上海时尚消费品品牌仍可抓住目标客群的消费心理，多方面满足消费者多重需求，从而在激烈的市场竞争中谋求发展。

---

[1] 曾昕.情感慰藉、柔性社交、价值变现：青年亚文化视域下的盲盒潮玩[J].福建师范大学学报（哲学社会科学版），2021(01)：133-141+171-172.

图1-13　以体验与消费联动为核心的南京西路泡泡玛特全球旗舰店

3. 社交消费场景多元

上海作为一线大都市拥有高人口基数，不同于二三线城市以家庭血缘关系为主要关系网，在这里"沪漂"和本地人都有着更为广泛的社交圈，因此形成上海更为多元的社交消费场景。

1LOKU是在上海的一个秉承链接精神的"城市多元文化社区"，通过艺术展览、音乐等形式糅合时下最受瞩目的青年文化元素，在2023年7月开展了"她"社交城市会客厅活动，邀请各个领域的女性一同参与交流，展现出对于女性"她"力量的支持。在上海，此类一人组织、多人支持的活动十分常见，创意市集、禅修体验、宠物交友、户外出行……参与者在活动前可能并不彼此认识，但仍能主动参与、积极享受，可见上海居民乐衷于在多样的社交场景中提升自我、开发兴趣、结交志同道合的朋友，也因此创造了更多的消费机会。

多元化的消费场景无疑为消费品企业提供了更多的发展机遇。时尚消费品企业可以针对产品适用消费场景开展调研，实现产品推广精准化，进而达成高效高收益的目标。同时，消费品企业也可以采取主动策略，为产品量身定制消费场景，以此吸引并聚集目标客群，增强产品用户的黏性。

上述观察表明，2023年的中国零售市场正经历一场复兴，经济复原和消费市场的适应能力为品牌带来了大量机会。品牌若能有效利用技术、深刻理解消费者行为，并紧跟最新趋势，定能在这一动态环境中取得成功。

第二篇

上海时尚消费品行业发展概况

INDUSTRY DEVELOPMENT OVERVIEW

第二章 服饰尚品行业发展概况
OVERVIEW OF THE DEVELOPMENT OF CLOTHING AND FASHION INDUSTRY

一、行业总体分析

1. 行业现状分析

服饰尚品是在时装穿搭、艺术饰品等方面，以彰显消费者气质为目标的时尚消费品，包括时尚服装、珠宝与饰品、手表、鞋类、帽类等产品。这类时尚消费品以追求个性化、独特性和高品质为特征，注重产品功能、服务模式、制造工艺的升级与创新。服饰尚品产业目前主要集中在纺织业、纺织服装、鞋、帽制造业以及皮革、毛皮、羽毛及其制品和制鞋业这几个行业大类（见表2-1）。此外，它还与其他行业之间有一定的关联和交叉，例如与生产运动装备、运动鞋和运动服装的文化、体育用品制造业相关联，同时也与生产和时尚相关的产品如手表、珠宝饰品等的钟表、乐器制造业有所交叉。

据上海统计局数据，2023年上海市实现社会消费品零售总额18515.50亿元，比2022年同期增长12.6%。其中，服装、鞋帽、针纺织品类服饰零售表现明显好于社会消费品零售整体水平，全年实现4472.15亿元，同比增长25.5%。[1]

根据上海市统计局数据（表2-2、表2-3、表2-4），2023年上海服饰尚品业规模以上工业企业完成工业总产值423.10亿元，与2022年同期相比下降了16.1%；完成主营业务收入511.89亿元，同比下降8.5%；实现利润15.99亿元，同比下降了0.5%。尽管发展压力较大，上海骨干纺织企业仍坚持加快转型升级，积极扩大智能化、绿色化改造升级投入，有序推动区域布局优化调整。

---

[1] 上海市统计局. 2023年本市社会消费品零售总额增长12.6%[EB/OL].（2024-01-28）[2024-06-21]. https://tjj.sh.gov.cn/sjxx/20240122/f1db334faed6405c8e5f51d2c949278b.html.

表 2-1 服饰尚品的行业领域范围[1]

行业大类	中类	小类
纺织业	棉纺织及印染精加工	棉纺纱加工
		棉织造加工
		棉印染精加工
	毛纺织及染整精加工	毛条和毛纱线加工
		毛织造加工
		毛染整精加工
	麻纺织及染整精加工	麻纤维纺前加工和纺纱
		麻织造加工
		麻染整精加工
	丝绢纺织及印染精加工	缫丝加工
		绢纺和丝织加工
		丝印染精加工
	化纤织造及印染精加工	化纤织造加工
		化纤织物染整精加工
	针织或钩针编织物及其制品制造	针织或钩针编织物织造
		针织或钩针编织物印染精加工
		针织或钩针编织品制造
纺织服装、服饰业	机织服装制造	运动机织服装制造
		其他机织服装制造
	针织或钩针编织服装制造	运动休闲针织服装制造
		其他针织或钩针编织服装制造
	服饰制造	指帽子、手套、围巾、领带、领结、手绢，以及袜子等服装饰品的加工
皮革、毛皮、羽毛及其制品和制鞋业	皮革鞣制加工	—
	皮革制品制造	皮革服装制造
		皮箱、包（袋）制造
		皮手套及皮装饰制品制造
		其他皮革制品制造
	毛皮鞣制及制品加工	毛皮鞣制加工
		毛皮服装加工
		其他毛皮制品加工
	羽毛（绒）加工及制品制造	羽毛（绒）加工
		羽毛（绒）制品加工
	制鞋业	纺织面料鞋制造
		皮鞋制造
		塑料鞋制造
		橡胶鞋制造
		其他制鞋业

---

1 分类参考：中国国民经济行业分类标准（GB/T 4754-2017）

表2-2　工业总产值完成（单位：亿元）

行业名称	工业总产值		
	2023年	2022年	同期增长（%）
上海服饰尚品行业合计	423.10	504.23	-16.1
其中：纺织业	156.89	179.51	-12.6
纺织服装、服饰业	175.14	221.70	-21.0
皮革、毛皮、羽毛及其制品和制鞋业	91.07	103.02	-11.6

（数据来源：上海市统计局[1]）

表2-3　营业收入（单位：亿元）

行业名称	营业收入		
	2023年	2022年	同期增长（%）
上海服饰尚品行业合计	511.89	559.65	-8.5
其中：纺织业	170.75	178.80	-4.5
纺织服装、服饰业	243.15	276.94	-12.2
皮革、毛皮、羽毛及其制品和制鞋业	97.99	103.91	-5.7

（数据来源：上海市统计局[2]）

表2-4　利润总额（单位：亿元）

行业名称	利润总额		
	2023年	2022年	同期增长（%）
上海服饰尚品行业合计	15.99	16.07	-0.50
其中：纺织业	8.93	8.54	4.6
纺织服装、服饰业	5.24	5.7	-8.1
皮革、毛皮、羽毛及其制品和制鞋业	1.82	1.83	-0.7

（数据来源：上海市统计局[3]）

1　上海市统计局.2023年12月规模以上工业总产值（按行业分）_规模以上工业总产值（按行业分）[EB/OL].（2024-01-28）[2024-06-22]. https://tjj.sh.gov.cn/ydsj32/20240118/587b23e44e4b43bc88744eacb385371a.html.

2　上海市统计局.2023年12月规模以上工业主要经济效益指标（按行业分）_规模以上工业主要经济效益指标（按行业分）[EB/OL].（2024-01-28）[2024-06-22]. https://tjj.sh.gov.cn/ydsj333/20240126/15aebd49ce184f59ae9a6029994bda27.html.

3　上海市统计局.2023年12月规模以上工业主要经济效益指标（按行业分）_规模以上工业主要经济效益指标（按行业分）[EB/OL].（2024-01-28）[2024-06-22]. https://tjj.sh.gov.cn/ydsj333/20240126/15aebd49ce184f59ae9a6029994bda27.html.

2. 相关产业政策

2021年工业和信息化部发布《"十四五"工业绿色发展规划》提出要推动传统行业绿色低碳发展，加快纺织、轻工等行业实施绿色化升级改造。规划还着重指出推进再生资源高值化循环利用，通过培育废塑料、废旧纺织品等主要再生资源循环利用龙头骨干企业，推动资源要素向优势企业集聚，依托优势企业技术装备，推动再生资源高值化利用。[1]

2022年，工业和信息化部、国家发展改革委、生态环境部联合印发《工业领域碳达峰实施方案》，提出纺织行业发展化学纤维智能化高效柔性制备技术，推广低能耗印染装备，应用低温印染、小浴比染色、针织物连续印染等先进工艺，加快推动废旧纺织品循环利用。到2025年，差别化高品质绿色纤维产量和比重大幅提升，低温、短流程印染低能耗技术应用比例达50%，能源循环利用技术占比达70%。到2030年，印染低能耗技术占比达60%。[2]

2022年，工信部发布的《数字化助力消费品工业"三品"行动方案（2022—2025年）》明确提出要以消费升级为导向，以数字化为抓手，以场景应用为切入点，聚焦关键环节，强化数字理念引领和数字化技术应用，统筹推进数据驱动、资源汇聚、平台搭建和产业融合，将推动消费品工业"三品"战略迈上新台阶，引领消费品工业高质量发展。[3]

2023年2月中共中央、国务院印发了《质量强国建设纲要》，提出实施消费品质量提升行动，加快升级消费品质量标准，提高研发设计与生产质量，推动消费品质量从生产端符合型向消费端适配型转变，促进增品种、提品质、创品牌。加快传统消费品迭代创新，推广个性化定制、柔性化生产，推动基于材料选配、工艺美学、用户体验的产品质量变革。[4]

2023年5月国家标准化管理委员会、工业和信息化部、商务部发布《加强消费品标准化建设行动方案》方案把纺织服装与服饰产品列为重点领域，要求适应纺织纤维材料差异化、高性能、多功能化和服装服饰产品个性化、时尚化、绿色化发展趋势，加强棉麻丝毛绒皮等天然纺织材料及制品质量分级标准制定，加快新型纤维材料、复合材料标准研制。[5]

1　工业和信息化部. 关于印发《"十四五"工业绿色发展规划》的通知 [EB/OL]. （2021-11-15）[2024-06-21]. https://www.gov.cn/zhengce/zhengceku/2021-12/03/content_5655701.htm.
2　工业和信息化部 国家发展改革委 生态环境部. 关于印发工业领域碳达峰实施方案的通知 [EB/OL]. （2022-07-07）[2024-06-21].https://www.gov.cn/zhengce/zhengceku/2022-08/01/content_5703910.htm.
3　工业和信息化部. 关于印发数字化助力消费品工业"三品"行动方案（2022—2025年）的通知 [EB/OL]. （2022-06-30）[2024-06-21]. https://www.gov.cn/zhengce/zhengceku/2022-07/06/content_5699437.htm.
4　新华社. 中共中央、国务院印发《质量强国建设纲要》[EB/OL]. （2023-02-06）[2024-06-21]. https://www.gov.cn/zhengce/2023-02/06/content_5740407.htm.
5　国家标准化管理委员会 工业和信息化部 商务部. 关于印发《加强消费品标准化建设行动方案》的通知 [EB/OL]. （2023-05-26）[2024-06-21]. https://www.sac.gov.cn/xw/tzgg/art/2023/art_bcfd72f377d54b30aced8147d14f2012.html.

2023年11月工业和信息化部、国家发展改革委、商务部、市场监管总局四部委联合发布《纺织工业提质升级实施方案（2023—2025年）》，提出到2025年，现代化纺织产业体系建设取得实质进展，规模以上纺织企业研发经费投入强度达到1.3%，70%的规模以上纺织企业基本实现数字化网络化，单位工业增加值能源、水资源消耗进一步减少，主要污染物排放强度持续降低，废旧纺织品循环利用质量和规模不断提高，形成20家全球知名的企业品牌和区域品牌。[1]

2024年4月工信部等七部门联合印发《推动工业领域设备更新实施方案》，提出围绕推进新型工业化，以大规模设备更新为抓手，实施制造业技术改造升级工程，以数字化转型和绿色化升级为重点，推动制造业高端化、智能化、绿色化发展，为发展新质生产力，提高国民经济循环质量和水平提供有力支撑。[2]

2021年7月上海市人民政府办公厅印发《上海市先进制造业发展"十四五"规划》，提出要构建"3+6"新型产业体系，将时尚消费产业首次列入支撑未来城市发展的六大重点产业之中。其中，时尚服饰要以原创设计、时尚发展为重点，聚焦时尚服装、潮流配饰等领域，强化原材料、辅料和制成品领域的技术研发；支持企业融汇传统文化和国际时尚元素，提升产品品质，鼓励高端定制和个性化定制，更多布局柔性制造、品牌营销等高附加值环节；将上海时装周打造成为具有国际影响力的中外时尚设计师集聚平台、时尚品牌国内外发布推广平台；推动贵金属首饰、宝玉石、钟表、眼镜等饰品行业向价值链高端拓展。[3]

3. 行业发展特征

近年来，随着我国经济的发展，服装服饰行业作为传统制造业已经发展成熟，行业竞争持续加剧，企业成本增加，行业转型升级加速。作为我国服装服饰行业重要市场之一，上海服装服饰行业也持续加大转型升级力度，强调文化创意、科技运用、产业链重构以及商业模式等方面的创新发展，提高产业整体高附加值，呈现出以下发展特征：

（1）技术创新与数字化应用

上海的服饰尚品产业积极推动技术创新和数字化应用，一方面应用大数据技术进行供应

---

[1] 工业和信息化部等.关于印发《纺织工业提质升级实施方案（2023—2025年）》的通知[EB/OL].（2023-11-28）[2024-06-21]. https://www.gov.cn/zhengce/zhengceku/202312/content_6918720.htm.

[2] 工业和信息化部等.关于印发推动工业领域设备更新实施方案的通知[EB/OL].（2024-03-27）[2024-06-21]. https://www.miit.gov.cn/jgsj/ghs/wjfb/art/2024/art_9532b8a4a0fa4dfabedde39e0883a338.html.

[3] 上海市人民政府办公厅.关于印发《上海市先进制造业发展"十四五"规划》的通知[EB/OL].（2021-07-14）[2024-06-22]. https://www.shanghai.gov.cn/nw12344/20210714/0a62ea7944d34f968ccbc49eec47dbca.html.

链管理优化升级，另一方面加速线上渠道布局，通过直播带货、粉丝经济等新业态提高服装零售规模，以数字技术为基础的新业态、新模式、新供给层出不穷。2017年6月，深绘智能与地素时尚签订合作。地素时尚将深绘的人工智能技术应用在旗下 DAZZLE、d'zzit、RAZZLE 等品牌，在页面效果显著提升的同时，快速提升商品出图速度和单周期上新效率，缩短上新周期，实现一键式多平台多店铺铺货，大幅提升详情页的生产和管理效率，让品牌在详情页制作和多平台上新快人一步。同时深绘也帮助地素自动建立互搭链接，极大地提升了商品销售连带率，极大地赋能于业务线。作为较早探索数字化发展的地素时尚，在2022年也展现出了较强的抗冲击能力和发展韧性。

（2）时尚设计与品牌崛起

上海逐渐成为国内知名时尚设计师品牌的孵化地和发展基地。越来越多的本土设计师品牌在上海崭露头角，以独特的设计理念和高品质的成衣制造吸引了国内外消费者的关注。原有的本土品牌也正不断地注入独特的文化内涵与价值观，结合服务升级等方面持续深化品牌建设。近年，国内独立设计师品牌纷纷开设了独立门店：CALVINLUO 在上海永嘉路开设全球首家旗舰店；可持续时尚品牌再造衣银行在上海今潮8弄设立首家概念旗舰店；ExtraOne 品牌首店在上海五原路亮相。除了潮流街区和文艺街巷的独立门店，国内设计师品牌进驻购物中心和实体商场开设门店的热潮也在2022年掀起，如进驻上海前滩太古里的 MS MIN、进驻上海港汇恒隆广场的 HIDEME 以及进驻上海锦沧文华广场 SHUSHU/TONG 和 SHORT SENTENCE。这股热潮不仅反映了传统商业形态和消费市场对于中国原创设计品牌的日益提高的接受度，更体现了国内设计师品牌的不断崛起，这批成熟而独立的设计师品牌成为了实体商场实现差异化定位、吸引优质客群的最佳业态选择。

图 2-1 SHUSHU/TONG 位于上海锦沧文华广场的首家概念旗舰店

（3）个性化定制服务兴起

越来越多的服装定制企业在上海涌现，提供个性化定制服务，为消费者量身定制服装和配饰。个性化定制服务受到年轻一代消费者的青睐。2022年8月上服集团位于茅台路567号的MT567上服·久铺时尚定制生活馆焕新升级（图2-2），惊艳亮相，其一楼是女装时尚定制区，二楼是男装高级定制区，全方位覆盖时尚定制领域。上服·久铺高级定制系统依托平台庞大数据支撑，可实现互动式服装设计、自主选择面辅料及款式工艺、下单购买等流程，真正做到"一人一版"，顾客线下体验，线上下单，15天交货，"柔性化生产+数字化定制"在这里成为可能。

图2-2　上服·久铺时尚定制生活馆全新门店

二、重点企业调研分析

1. 上海服饰尚品行业重点企业列表

上海处于长江入海口和我国海岸线中点，同时又在亚洲的几个重要都市首尔、东京、台北、香港等的扇形辐射中心，具有独特的信息、贸易、物流、配送等方面的地理优势，因此一直在我国服装服饰贸易市场占据重要的位置，吸引了较多的国内外服装服饰制造商和贸易商。

目前上海市的服饰尚品行业中的重点企业主要可以分为四类：一是本土老牌纺织国企改

造形成的大型纺织集团,如上海纺织(集团)有限公司与上海服装(集团)有限公司,其在纺织原料、纺织品和服装等多个领域拥有完整的产业链。二是知名时尚品牌企业,在时尚设计和品牌营销方面具有优势,拥有一定的市场份额和忠实的消费群体,如日播时尚集团股份有限公司、地素时尚股份有限公司等。三是创新科技企业,其注重科技创新,在科技面料、数字化时尚、智能制造等方面有所突破,为时尚产业带来新的发展机遇,如上海嘉麟杰纺织品股份有限公司、上海东隆羽绒制品有限公司等。四是本土设计师品牌,如上海是你商贸有限公司、上海睿范服饰有限公司等,强调中国元素与国际时尚趋势的结合,推出具有本土特色和创意的时尚产品。

这些企业共同构成了上海纺织服装行业重点企业群的多样性和活力,共同推动了上海纺织服装行业的发展和创新(表2-5)。

表2-5 上海服饰尚品行业重点企业

企业名称	成立时间	注册资本	所属地区	企业性质
上海纺织(集团)有限公司	2001-12-17	1116113.24万元人民币	上海市长宁区	有限责任公司(国有控股)
上海服装(集团)有限公司	1995-3-16	49197.76万元人民币	上海市长宁区	其他有限责任公司
上海三毛企业(集团)股份有限公司	1994-1-11	20099.1343万元人民币	上海市浦东新区	股份有限公司(中外合资、上市)
上海龙头(集团)股份有限公司	1991-11-18	42486.1597万元人民币	上海市黄浦区	其他股份有限公司(上市)
上海丝绸集团股份有限公司	2003-1-6	10000万元人民币	上海市浦东新区	股份有限公司(非上市、自然人投资或控股)
上海三枪(集团)有限公司	1994-11-14	37600万元人民币	上海市黄浦区	有限责任公司(非自然人投资或控股的法人独资)
上海古今内衣集团有限公司	1995-11-17	20000万元人民币	上海市黄浦区	有限责任公司(非自然人投资或控股的法人独资)
恒源祥(集团)有限公司	2001-2-23	10000万元人民币	上海市黄浦区	有限责任公司(自然人投资或控股)
上海开开实业股份有限公司	1997-8-4	24300万元人民币	上海市静安区	股份有限公司(台港澳与境内合资、上市)
上海青禾服装股份有限公司	2009-5-21	1000万元人民币	上海市杨浦区	股份有限公司(非上市、自然人投资或控股)
日播时尚集团股份有限公司	2002-4-25	23868.0652万元人民币	上海市松江区	其他股份有限公司(上市)
上海美特斯邦威服饰股份有限公司	2000-12-6	251250万元人民币	上海市浦东新区	其他股份有限公司(上市)
地素时尚股份有限公司	2002-5-23	47738.6282万元人民币	上海市长宁区	股份有限公司(上市、自然人投资或控股)

（续表）

企业名称	成立时间	注册资本	所属地区	企业性质
上海嘉麟杰纺织品股份有限公司	2001-1-20	83200万元人民币	上海市金山区	其他股份有限公司（上市）
上海东隆羽绒制品有限公司	1992-7-21	10000万元人民币	上海市青浦区	有限责任公司（自然人投资或控股的法人独资）
马克华菲（上海）商业有限公司	2003-3-5	1000万元人民币	上海市徐汇区	有限责任公司（港澳台法人独资）
上海菲姿服饰有限公司	2003-10-24	300万元人民币	上海市松江区	有限责任公司（自然人投资或控股）
上海蔓楼兰企业发展有限公司	2010-9-7	2000万元人民币	上海市虹口区	有限责任公司（自然人投资或控股）
上海素然服饰有限公司	2001-10-26	100万元人民币	上海市长宁区	有限责任公司（自然人投资或控股）
上海之禾时尚实业（集团）商业发展有限公司	2015-1-21	20000万元人民币	上海市闵行区	有限责任公司（自然人投资或控股的法人独资）
上海沙驰服饰有限公司	2001-5-18	10000万元人民币	上海市普陀区	有限责任公司（自然人投资或控股）
上海乌禾实业有限公司	2015-4-1	500万元人民币	上海市徐汇区	有限责任公司（自然人投资或控股）
杉杉控股有限公司	2004-8-30	138748.4749万元人民币	上海市浦东新区	有限责任公司（自然人投资或控股）
上海依迪索时装有限公司	2018-1-29	1000万元人民币	上海市虹口区	有限责任公司（外商投资企业法人独资）
安莉芳（上海）有限公司	2009-10-15	23800万港元	上海市杨浦区	有限责任公司（港澳台法人独资）
上海森马服饰有限公司	2005-4-14	80000万元人民币	上海市闵行区	有限责任公司（自然人投资或控股的法人独资）
创姿服饰（上海）有限公司	2001-2-22	700万美元	上海市闵行区	有限责任公司（外国法人独资）
劲霸男装（上海）有限公司	2010-7-8	67529.66万元人民币	上海市普陀区	有限责任公司（自然人投资或控股）
兰精纤维（上海）有限公司	2003-11-28	20万美元	上海市浦东新区	有限责任公司（外国法人独资）
丰田纺织（中国）有限公司	2002-3-29	13349.8567万美元	上海市浦东新区	有限责任公司（外国法人独资）
飒拉商业（上海）有限公司	2005-10-31	3692万美元	上海市静安区	有限责任公司（外国法人独资）
迅销（中国）商贸有限公司	2006-12-21	2000万美元	上海市徐汇区	有限责任公司（外国法人独资）
上海迪晟服饰有限公司	2020-4-13	2000万元人民币	上海市青浦区	有限责任公司（非自然人投资或控股的法人独资）
曼黎怡服装贸易（上海）有限公司	2006-11-24	1630万美元	上海市静安区	有限责任公司（外国法人独资）

（续表）

企业名称	成立时间	注册资本	所属地区	企业性质
上海卓新服饰有限公司	2003-1-24	50万元人民币	上海市金山区	有限责任公司（自然人投资或控股）
上海东方国际创业品牌管理股份有限公司	2015-5-12	6254.1322万元人民币	上海市闵行区	股份有限公司（港澳台投资、未上市）
上海致瑞服饰有限公司	2014-6-17	500万元人民币	上海市嘉定区	有限责任公司（自然人投资或控股）
上海尤缇商贸有限公司	2014-7-8	2000万元人民币	上海市普陀区	有限责任公司（自然人投资或控股的法人独资）
上海莳格贸易有限公司	2008-7-18	100万元人民币	上海市松江区	有限责任公司（外商投资企业法人独资）
上海是你商贸有限公司	2013-6-7	2500万元人民币	上海市静安区	有限责任公司（自然人投资或控股）
上海雅蓝时装有限公司	2014-1-26	200万元人民币	上海市嘉定区	有限责任公司（自然人投资或控股的法人独资）
上海万趣实业发展有限公司	2005-5-31	1418.0723万元人民币	上海市浦东新区	有限责任公司（自然人投资或控股）
上海拉飞姆时装有限公司	2016-2-16	100万元人民币	上海市崇明区	有限责任公司（自然人投资或控股）
上海型度服饰有限公司	2017-5-19	20000万元人民币	上海市静安区	有限责任公司（外商投资企业法人独资）
上海我爱露露时尚科技有限公司	2018-11-21	2000万元人民币	上海市闵行区	有限责任公司（自然人投资或控股）
上海凤艮服饰科技有限公司	2009-9-15	3000万元人民币	上海市闵行区	有限责任公司（自然人投资或控股）
上海纳薇服装设计有限公司	2004-7-15	5500万元人民币	上海市普陀区	有限责任公司（自然人投资或控股）
上海嘉韩实业有限公司	2005-11-28	300万元人民币	上海市松江区	有限责任公司（自然人投资或控股）
凯迪服饰（上海）有限公司	2009-7-21	2000万元人民币	上海市徐汇区	有限责任公司（自然人投资或控股的法人独资）

2. 重点企业发展概况

（1）日播时尚集团股份有限公司

① 企业概况

日播时尚集团股份有限公司（以下简称日播时尚）的主营业务为精品服装的创意设计、工艺技术研发及生产销售，专注于中高端时尚女装领域。公司致力于成为围绕消费者生活方式提供解决方案的品牌供应商。日播时尚现有三大品牌——"broadcast播""PERSONALPOINT""CRZ"。各品牌在设计风格、品牌定位和目标客户方面迥异，服务于不同人群，分别从三个角度阐述不同生活方式的美学。

表2-6　日播时尚集团股份有限公司基本信息

日播时尚集团股份有限公司			
注册时间	2002-04-25	注册资本	23868.0652万元人民币
公司地址	上海市松江区中山街道茸阳路98号	联系方式	021-57783232
企业性质	其他股份有限公司（上市）	公司网址	www.ribo-group.com
经营范围	一般项目：服装服饰设计；服饰研发；服装制造（无染色、印花、洗水、砂洗工艺）；服装服饰批发；服装服饰零售；日用口罩（非医用）生产；日用口罩（非医用）销售；特种劳动防护用品生产；特种劳动防护用品销售；针纺织品销售；礼品花卉销售；日用品销售；日用品批发；文具用品批发；办公用品销售；化妆品零售；箱包销售；眼镜销售（不含隐形眼镜）；家居用品制造；家居用品销售；化妆品批发；市场营销策划；企业形象策划；企业管理咨询；信息咨询服务（不含许可类信息咨询服务）；住房租赁；非居住房地产租赁；普通货物仓储服务（不含危险化学品等需许可审批的项目）；互联网销售（除销售需要许可的商品）。许可项目：货物进出口；技术进出口。		

（资料来源：日播时尚集团股份有限公司及国家企业信用信息公示系统网页）

② 行业地位及核心特征

日播时尚旗下主营品牌"broadcast播"创立于1999年，已有逾20年的运营历史，是中国原创性都市女装品牌引领者，已成长为具有稳定消费群体、鲜明风格和良好销售业绩的女装自主品牌，具有较高的品牌知名度和影响力（图2-3）。日播时尚多次被行业主管部门认定为"上海名牌"和"上海市著名商标"，荣膺中国连锁经营协会（CCFA）"中国时尚零售企业百强榜"榜单，荣获上海市经济和信息化委员会"上海市设计引领示范企业"等称号。

日播时尚以"让时尚创意成为生活"为使命，始终坚持原创设计原则，拥有经验丰富、创新力强、高素质的自有设计研发团队。此外，公司创新性地开放品牌设计和创意平台，凭借良好的信任基础、成熟的合作模式，对接海内外一线设计和时尚资源，联合独立设计师、

图2-3　日播时尚主营品牌"broadcast播"品牌产品宣传图

设计工作室、艺术家和 IP 资源进行合作，不断丰富产品品类，直达时尚前沿。2022 年，日播时尚旗下全新概念买手店 R130 正式开幕，选址上海市中心巨鹿路，同时开启同名"签名时尚：安特卫普新生力量"展览。R130 联合 CLAP 和当代时尚研究中心（CoFI），完成本次以安特卫普先锋时尚为核心的实验性概念买手店的策划，作为战略性探索项目，为本土行业发展方向做出开拓性解答。

依据"全渠道、轻资产、数智能、精运维"的经营策略，日播时尚 2022 年还推行了"全渠道 N 点触达"计划。除了对线下门店定位的重新检视，优化布局外，线上方面也不断提升天猫旗舰店、抖音店铺等平台的运营质量，2022 年线上渠道营收同比提升 22.85%，截至目前，天猫旗舰店粉丝数量突破 221 万，抖音平台粉丝数量突破 130 万。[1]

（2）地素时尚股份有限公司

① 企业概况

地素时尚股份有限公司（以下简称地素时尚）于 2002 年创立于中国上海，是一家多品牌运作的时尚集团。自成立以来，公司围绕中高端品牌定位，分别创立"DAZZLE""DIAMONDDAZZLE""d'zzit"和"RAZZLE"四个知名服装品牌（表 2-7），形成对时装领域多维度、深层次的渗透。

表 2-7　2022 年地素时尚旗下品牌产品宣传图

DAZZLE	DIAMONDDAZZLE
d'zzit	RAZZLE

---

[1] 上海证券交易所. 日播时尚集团股份有限公司 2022 年年报 [R/OL].（2023-04-25）[2024-06-22]. http://www.sse.com.cn/disclosure/listedinfo/announcement/c/new/2023-04-27/603196_20230427_ACl4.pdf.

2022年，地素时尚入围2022中国纺织服装品牌竞争力优势企业、工业和信息化部办公厅重点培育纺织服装百家品牌名单、普陀区高质量发展领军企业，获得财联社致远奖"社会责任先锋企业奖"，旗下品牌DAZZLE荣获2022年度上海市首发经济服饰鞋帽类引领性本土品牌等奖项（表2-8）。

表2-8　地素时尚股份有限公司基本信息

地素时尚股份有限公司			
注册时间	2002-05-23	注册资本	48107.76万元人民币
公司地址	上海市长宁区仙霞路579弄38号第2幢103室	联系方式	021-31085300
企业性质	股份有限公司（上市、自然人投资或控股）	公司网址	www.dazzle-fashion.com
经营范围	服装服饰、皮革制品、箱包、鞋帽、眼镜、人造首饰、玩具、家用饰品、日用百货、家具、灯具、文具用品、化妆品、电子产品、计算机软硬件、装潢材料的销售；以电子商务的形式从事服装服饰、皮革制品、箱包、鞋帽、眼镜、人造首饰、玩具、家用饰品、日用百货、家具、灯具、文具用品、化妆品、电子产品、计算机软硬件、装潢材料的销售；从事货物及技术的进出口业务；服装服饰设计，图文设计；文化艺术交流与策划（经纪除外）；服装服饰、电子科技、计算机软硬件及配件、计算机网络专业领域内的技术开发、技术转让、技术咨询、技术服务；经济信息咨询，企业管理咨询，企业营销策划；展示展览服务；仓储服务（除危险品）。		

（资料来源：地素时尚股份有限公司及全国企业信用信息公示系统网页）

② 行业地位及核心特征

2022年，地素时尚入围2022中国纺织服装品牌竞争力优势企业、工业和信息化部办公厅重点培育纺织服装百家品牌名单、普陀区高质量发展领军企业，获得财联社致远奖"社会责任先锋企业奖"，旗下品牌DAZZLE荣获2022年度上海市首发经济服饰鞋帽类引领性本土品牌等奖项。

地素时尚专注于设计研发、品牌推广、终端销售等品牌时装产业链上附加值较高的核心业务环节，同时将生产、配送等附加值相对较低的环节外包于专业供应商，从而形成专注、高效、轻资产的业务模式。这种业务模式一方面可以充分降低资本投入，尤其是生产领域大量的固定资产投入和劳动力投入，有利于公司资金、产品、信息的高效周转和良性循环；另一方面通过该业务模式，地素时尚形成了以品牌、设计、供应链管理以及营销网络为核心的竞争力。在明确数字化转型的战略目标下，地素时尚持续推进内部业务数字化改革，不仅搭建了消费者数字化运营体系，同时深化了供应链业务改革。截至2022年底，地素时尚已基本实现消费者数字化运营的智能应用，深化了供应链业务数字化能力，完善了商品前后端的衔接，为管理层提供数据洞察及智能决策支持。

（3）上海嘉麟杰纺织品股份有限公司

① 企业概况

上海嘉麟杰纺织品股份有限公司（以下简称嘉麟杰）专注于中高端专业户外运动功能性面料的设计、研发与生产，为诸多国际知名户外运动品牌提供功能性面料及成衣产品（表2-9）。公司主营产品有自主研发的针织面料系列，包括以高弹纤维形成高密挡风层服装面料为代表的起绒类面料系列、以薄型保暖弹性内衣面料为代表的纬编羊毛面料系列和以导湿保暖空气夹层服装面料为代表的运动型功能面料系列。

表2-9 上海嘉麟杰纺织品股份有限公司主要产品图

女士运动系列		
01生物绒外套	02运动胸衣	03热缝紧身裤

男士运动系列		
01复合型运动夹克	02双层运动短裤	03基础款运动上衣

表2-10　上海嘉麟杰纺织品股份有限公司基本信息

上海嘉麟杰纺织品股份有限公司			
注册时间	2001-01-20	注册资本	83200万元人民币
公司地址	上海市金山区亭林镇亭枫公路1918号	联系方式	010-37330000
企业性质	其他股份有限公司（上市）	公司网址	http://www.challenge-21c.com
经营范围	高档织物面料的织染及后整理加工，服装服饰产品、特种纺织品的生产和销售，纺织纤维、天然纤维、纺织品、服装服饰及辅料、鞋帽、日用百货的批发和进出口业务，纺织机器设备的经营性租赁。		

（资料来源：全国企业信用信息公示系统官网）

② 行业地位及核心特征

经过多年的发展和积累，嘉麟杰已在户外专业运动市场的功能性面料领域奠定了稳固的行业地位，并连续多年位列中国纺织工业协会评选的年度针织行业企业竞争力十强企业，年度纺织行业企业竞争力百强企业（表2-10）。

嘉麟杰传统的主营优势产品是中高档针织纬编功能性面料，是中国纬编生产工艺的引领者。一直以来，嘉麟杰坚持"定位中高端、错位竞争"的经营理念，把握户外及运动功能性服饰高增长赛道。针对该细分领域对面料的要求高的特点，坚持引进先进设备，投入研发力量，迭代核心竞争力，提高竞争壁垒。2022年嘉麟杰共获得专利授权5件，其中授权发明专利3件，授权实用新型专利2件；共申请专利14件，其中12件为发明专利。此外嘉麟杰2022年为积极响应绿色可持续发展，与美国PrimaLoft公司联合研发的PrimaLoft Bio Performance Fabric产品，其为首款用100%可回收，可生物降解的填充棉和人造纤维面料产品。基于改良的纤维科技，该技术在特定环境（陆地填埋以及海洋生态）条件下能够加速生物降解。该面料产品已成功实现量产。

嘉麟杰在智能制造化方面也积极开拓进取，已经形成高效的信息智能化管理模式。在产品研发、生产、运输、销售为一体的产业链模式上，建立了信息共享机制。信息系统建设方面，公司建立的ERP（企业资源计划）系统可管控从原材料、生产流程、品质基准、到包装检品、库存出运的各环节，能提供即时产品动态信息。物流系统方面，公司自动化立体仓库使用了自动化存储设备，通过同计算机管理系统的协作来实现立体仓库的高层合理化存取、自动化以及操作简便化。

三、产业集聚新发展

1. 产业集聚特色

上海市的精致服装产业和时尚产业主要集中在徐汇区、长宁区、静安区、黄浦区和虹口区等中心城区。其中，静安区的七浦路服装批发市场是上海规模最大的服装批发市场。从20世纪80年代的小商品批发市场起步，如今已发展成为以外贸服装批发为主体，集餐饮娱乐为一体的综合商业区。中心城区内其他的服装和时尚产业聚集区多以服装设计为主题，打造了集休闲办公于一体的文化产业综合园区。而青浦区和松江区则是上海服装产业链中上游企业的聚集地，主要涉及服装原材料加工、服装生产和服装物流等企业园区（表2–11）。

表2–11　上海服饰尚品行业产业集聚园区

所属行政区	序号	园区名称
静安区	1	上海服装服饰市场
	2	名仕街时尚创意园
	3	上服T LIGHT时尚园
	4	源创创意园
	5	上海国际时尚进口博览交易中心
	6	98创意园
	7	800秀创意园
徐汇区	8	尚街Loft滨江时尚服饰园
	9	尚街Loft时尚生活园区
	10	时尚创业园
	11	西岸创意园
	12	S569上海服装数字化创意园
	13	创邑朵云轩创意园
	14	文定生活创意产业园
黄浦区	15	百联集团时尚产业（衍庆里）
	16	天宴时尚创意园

（续表）

所属行政区	序号	园区名称
	17	幸福码头时尚创意园区
	18	8号桥
	19	老码头创意园区
	20	上海江南智造创意产业集聚区
长宁区	21	上海时尚园
	22	上服T TIME设计园
	23	上服T CAT时尚园
	24	上服T STAR 智尚园
	25	上服T PLAY数创园
松江区	26	松江叶榭服装针织产业园
	27	中国纺织服装品牌创业园
	28	时尚谷创意园
	29	88时尚园
	30	松江乔佩斯智慧时尚供应链产业园
普陀区	31	景源时尚产业园
	32	THE X TOWER创享塔
	33	创邑金沙谷
	34	M50
杨浦区	35	东纺谷创意园
	36	上海国际时尚中心
	37	上海五维空间创意园
	38	上海国际设计交流中心
嘉定区	39	国际时尚人才文化创意产业基地
	40	北虹桥时尚创意园
	41	北虹桥1985时尚产业园
青浦区	42	群鼎服饰设计园
	43	尚之坊时尚创意产业园
	44	纺织产业城

(续表)

所属行政区	序号	园区名称
闸北区	45	上海名仕街创意产业园
	46	创意仓库
浦东新区	47	美特斯邦威时尚产业园1期
	48	上服T GARDEN生态园
虹口区	49	半岛湾时尚文化创意产业园
金山区	50	劲霸男装上海物流园

2. 典型产业园区

（1）时尚谷创意园

时尚谷创意园位于上海市松江区鼎源路618弄，占地150亩，总面积约20万平方米，地理位置极佳，交通便利（图2-4）。2011年开园，当年就被认定为"上海市文化创意产业聚集区"以及"上海市高技术服务产业重点培育园区"，因此这里也被称为"纺织业的硅谷、设计师的孵化器、创业者的摇篮"。

整个园区主要以纺织服装、创意设计为主题，与中国纺织信息中心、国家纺织产品开发中心、中国流行色协会、中国纺织协会检测中心、上海交大媒体与设计学院、美国Pantone公司等行业领军专业服务机构建立了紧密合作，完成了专业服务平台建设，为入驻品牌企业

图2-4 时尚谷创意园规划效果图

提供全面服务。时尚谷创意园借助上海在人才、技术、信息、交通、产业等方面的优势，汇聚了一大批优秀企业入园，现入驻企业约300家，企业入驻率达98%，其中知名企业包括即发纺织、鲁泰纺织、达利丝绸、德美化工、湖南华升集团、雅莹服装、鼎天纺织等，中国纺织工业协会也在园区建立了纺织服装产业创新公共服务平台，形成了巨大的行业影响。

（2）上服T PLAY数创园区

上服T PLAY数创园位于长宁区中山西路1291号，占地面积2221平方米，总建筑面积6350平方米（图2-5）。其原是上服虹桥都市科技园，早前主要面向中小型科创企业，助力产业孵化。

2021年初启动项目改造，历时一年的蝶变，在2022年终于完成了焕新升级，实现了传统型园区向数字型科技园区的转变。全新亮相的上服T PLAY数创园区，着力构建人、服装、办公、生活、数字科技于一体的生态园区，实现了智慧化营销、数字化运营、一体化管控，成为"上服T"系列品牌园区家族中的又一力作。上服T PLAY数创园区虽占地面积不大，却以"小而精"为特色，麻雀虽小却五脏俱全，配套设施完善、地理位置优越。经设计师的精心改造后，该园区以"时尚+科技"为主题，通过场景营造注入氛围感，成为一个现代都市化创意办公空间。

图2-5 上服T PLAY数创园规划效果图

（3）北虹桥时尚创意园

北虹桥时尚创意园位于江桥镇吴淞江北岸，一期建筑面积约5万平米，利用旧厂房改造，与已经建成的拉谷谷园区和贝拉维拉园区合并整体规划（图2-6）。园区依托虹桥商务区，集合了东华大学、拉谷谷等资源优势，聚焦以时尚设计、文化创意为主的核心产业，涵盖互联网电商产业、文体产业、创业创投等为主的衍生产业，建设目标是将园区打造成为上海、全国乃至世界知名的时尚汇聚之地。

截至2020年虹桥时尚创意园已入驻企业60余家，围绕服装设计、工业设计、人工智能、医疗器械研发、会展服务、动漫影视等，园区引进了一批业内领军企业。通过与市级平台资源的合作，园区深入文创产业，建立了完整的专业服务板块，包括：大师工作室、"我嘉书房·北虹桥时尚馆"、文创众创空间、展示中心、培训中心及人才公寓等商业配套服务，以满足不同企业的需求。

图2-6 北虹桥时尚创意园实地照片

第三章 化妆美品行业发展概况
OVERVIEW OF THE DEVELOPMENT OF CLOTHING AND FASHION INDUSTRY

一、行业总体分析

1. 行业现状分析

化妆美品是围绕美容化妆品、护理品等产业展开的时尚消费品类（表3-1），作为人们日常生活中不可或缺的日用品和满足心情愉悦的消费品，在推动内需升级和迎合人们对美好生活的向往方面发挥着重要作用，是上海打造时尚消费品高端产业集群、推动经济高质量发展，加快建设上海"国际消费中心城市"的重要抓手。

表3-1 化妆美品涉及的行业领域范围

行业大类	细分类别
美妆行业	底妆类
	彩妆类
	护肤类
个护行业	局部护理
	身体护理
	婴儿和儿童专用产品
	其他：香水/香氛
医美行业	整形外科
	美容皮肤科
	美容牙科
	美容中医科

据国家统计局数据显示，在 2017 至 2021 年，化妆品零售额年均增速平均保持在 10% 以上，2021 年我国化妆品零售总额突破 4000 亿元。2022 年数据下滑，行业增速开始出现持续下行，且近 9 个月化妆品类零售额都呈负增长[1]（图 3-1）。

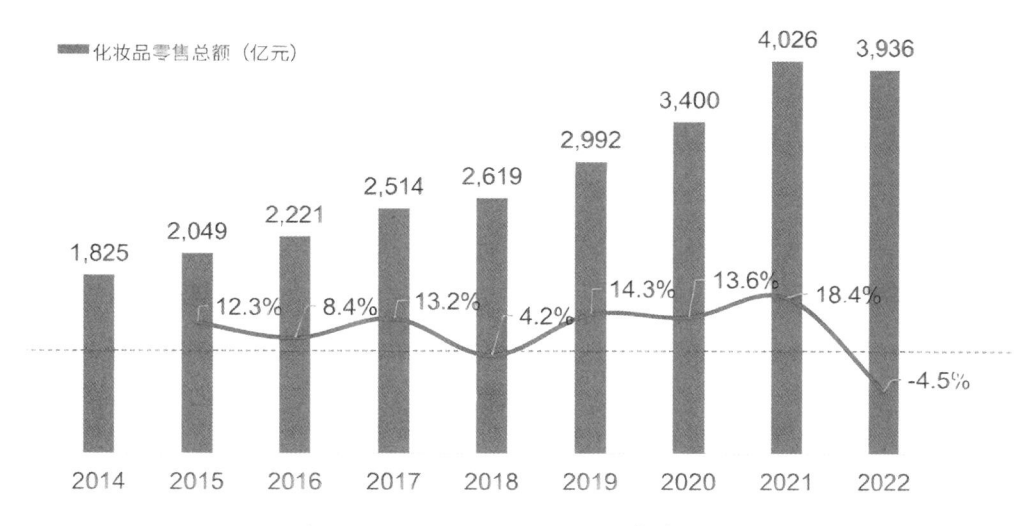

图 3-1 2014-2022 化妆品零售总额统计
（数据来源：国家统计局，一面数据统计整理）

2023 年，随着宏观经济迎来恢复性增长，美妆个护类产品的市场需求逐渐增加。据国家统计局发布数据，同年限额以上化妆品类总零售额同比增长 5.1% 至 4142 亿元。虽然化妆品类零售总额创下 10 年来最高值，但其增速仍未回归到疫情前水平，增幅仅高于 2022 年的 -4.5%。[2]

近年来该行业出现明显的渠道变革，大量品牌将重心由线下向线上进行转移，线上经济热度飞速增加。各品牌积极拓展线上销售渠道，并取得一定成效，如 2023 年是韩束在抖音爆发式增长的时期，抖音自营渠道收入一跃提升至年自营营收近 7 成。电商新业态的发展促使抖音等新媒体平台逐渐成为美妆个护行业宣传新阵地，流量呈现显著去中心化趋势，从而促使品牌加大对线上市场的全渠道、全方位布局。同年下半年随着经济逐步复苏，线下渠道尝试缓慢恢复，中国作为美妆个护全球第二大市场，仍保持高增速与消费潜力，营收额有望重回增长区间。

---

1 一面数据.2022 年护肤行业消费回顾及趋势分享 [EB/OL].(2023-04-09)[2024-06-22]. https://www.163.com/dy/article/I1TM33A6051998SC.html.
2 界面新闻.2023 年，化妆品卖了 4142 亿元 [EB/OL].（2024-01-18）[2024-06-24]. https://www.jiemian.com/article/10691580.html.

2. 相关产业政策

为了应对日益复杂和多变的市场环境与更好地保障消费者的权益，国家于2022年进一步落实了多项政策，如1月落实了《化妆品注册备案资料管理规定》，7月《化妆品生产质量管理规范》正式实施。行业整体强监管态势不减，促使产业朝着"高质量"主航道不断迈进。

上海地区也对化妆美品相关行业进行了相应的规定与监管。2022年7月，上海市药品监督管理局印发《上海市化妆品生产企业质量安全风险分级管理办法（试行）》，有效加强化妆品生产企业监管，强化化妆品生产企业质量安全和风险意识。浦东新区于8月印发了《浦东新区化妆品产业创新发展若干规定》，该规定指出政府需加强对区域化妆品产业创新发展工作的领导，整合优化资源，综合协调化妆品产业创新发展中的重大问题。

2021年7月，上海印发《上海市化妆品产业高质量发展行动计划》（2021—2023年），明确指出：努力把上海打造成为聚合全球化妆品产业高端要素资源的高能级总部集聚地，国内一流、具有国际影响力的化妆品高品质制造地，引领国内化妆品产业链参与国际竞争的创新策源地，汇聚融合东西方时尚和文化的化妆品品牌集萃地。

3. 行业发展特征

（1）天然有机与多功能功效并重

上海坚决贯彻落实习近平生态文明思想，将新发展理念始终贯穿于城市总体发展战略，坚定不移走生态优先、绿色发展之路。绿色环保理念的普及使得消费者对于天然有机的美妆个护类产品需求持续高速增长。人们越来越关注产品化学成分的无害性与实用性，安全和功效成为消费者的首要考量，因此天然有机与多功能功效成为品类特征关键词。

纯净美妆开始进入大众视野，强调"安全、无毒、无有害化学成分、成分透明、对环境友好"等概念，将天然有机和多功效相结合的理念推向极致。上海日用化学品行业协会于2022年5月联合多家企业发布《化妆品中天然成分的技术定义和计算指南》团体标准，科学定义了天然或天

图3-2 一叶子设立"纯净美容绿色原料研究中心"

然来源化妆品成分，设定了适用于该定义成分类别的天然或天然来源指数的计算方法。联合起草单位之一上海一叶子化妆品有限公司在 2022 年初就开始转型纯净赛道（图 3-2），推出双修系列产品，初步向消费者描绘出纯净美容天然、精简的认知轮廓。为持续完善对于中国纯净美容品牌的阐释与表达，不断深化其产品竞争力，设立科研中心与橄榄种植基地，从种采到提取再到应用，专研中国成分油橄榄。此外，还携手上海交通大学化学化工学院等高校进行核心原料的定性、定量研究，与科莱恩、华恒生物等多家国际原料商进行绿色原料创新合作，确保产品的天然成分与功效呈现。

绿色理念的深入不仅推动了行业品类发展，上海地区企业通过选择环保材料进行包装，推出可回收产品、参与环保项目等系列举措，不断提升自我社会责任感，努力协调自然、经济和社会的统一发展。

（2）个性化定制引领潮流

随着消费者趋向年轻化，其对于个人需求的关注度不断提高，对产品和服务的需求逐渐从基本功能的满足向个性化追求转变，结合现代多元化审美趋势，消费者越来越懂得针对自身去进行理性选择和科学护理。

上海市药品监督管理局主动对接消费新需求，以《上海市浦东新区化妆品产业创新发展若干规定》实施以及国家药监局在上海等 5 个省份开展化妆品个性化服务试点工作为契机，助力上海的化妆品个性化服务项目落地进入快车道。这一系列举措推动着上海化妆美品类产品一改"One For All"的产销模式，进入"All For One"的个性化定制转型赛道。欧莱雅集团在第四届中国国际进博会展出旗下奢侈品美妆品牌 Yves Saint Laurent（YSL）新推出的口红打印机，借助人工智能和色彩识别技术，设备可以自动根据用户的肤色或着装来分析上千种色彩，数秒内即可为消费者提供定制化唇色（图 3-3）。2022 年 8 月《浦东新区化妆品产业创新发展若干规定》正式实施后，欧莱雅开始筹备这一高端产品在中国大陆的发售，消费者可在国金中心等商店柜台进行个性化美妆体验。

品牌通过提供多样化的选择，从产品配方到包装设计都将根据个人喜好和需求进行定制。这种个性化定制的趋势为消费者提供了与众不同的体验，增加产品的吸引力和竞争力。

图 3-3　YSL 口红打印机产品展示图

（3）传统与现代有机融合

文化自信与国潮运动的兴起为化妆美品领域带来了独特的行业特征。不少企业把握此次国潮消费新热潮，将传统与现代两者结合，将对于传统文化元素的独特理解融入品牌文化与产品设计。同时不断用行动拓宽边界，积极在品牌之间建立新联系，结合现代消费潮流焕发行业新活力。百雀羚作为上海化妆品老字号品牌，从《本草纲目》和《神农本草经》等传统医家圣典中，探寻现代草本护肤应用之法，运用中国传统文学、医药文化元素塑造品牌，与故宫、敦煌博物馆的联名产品深受消费者喜爱。2022年百雀羚首次与陶陶居携手，融合东方美学及东方美食，在科技草本护肤与匠心传统美食的破圈融合中不断沉淀，传承东方美的同时创新产品体验场景（图3-4）。百雀羚坚持在传承的路上与时俱进，完美演绎了"中国草本，东方之美"。

传统与现代的有机结合，不仅有利于文化传承与探索，更促进了行业内经典品牌自身的革新重生，使它们与现代潮流相互碰撞融合，激发创新，突破求变。

（4）数字化创新转型

无论是以百货专柜体验为主的传统商业时代，还是以直播主播互动为主的新商业模式，对于化妆美品而言，体验和互动是不可或缺的产业特性，更是品牌产品和消费用户间价值认知和传递的必要链接。虚拟试妆技术的推广应用为消费者带来真实的场景体验与快捷的购买

图3-4 百雀羚×陶陶居活动现场布置图

方式,且自然堂、佰草集等品牌正在尝试通过元宇宙这一数字营销新形式创建新的数字形象与虚拟场景,与消费者进行趣味交互,从而构建 AR 数字世界营销新形式。这些数字化创新举措为消费者带来更加新颖便捷的消费体验,增强了与消费者的"纽带"。

此外,数字技术、数字经济的蓬勃发展促进了各类资源要素快捷流动。云计算、大数据、人工智能等技术于现代生产中的应用,有效实现上游、中游、下游的产业融合。在这一数字化转型大潮中,上海伽蓝集团一直在积极探索,从最初的营销数字化,到数据中台建设,再到一盘货模式,一步步深入推进企业转型。其业务模式复杂度的不断提升,使得打造能够做好业务保障的数字化供应链成为必然。2022 年 2 月,伽蓝智慧供应链计划平台项目正式启动,全新上线的伽蓝集团智慧供应链计划平台,通过智能预测及智能补货两大系统,实现全链路需求预测在线协同及补货计划智能化,同时针对差异化补货场景模拟仿真结果快速做出分仓补货决策,实现了伽蓝全品牌需求计划、供应计划、仓储计划的自动化和智能化。

二、重点企业调研分析

1. 上海化妆美品行业重点企业列表

上海作为中国经济中心和创新中心之一,拥有许多化妆美品企业的总部、研发中心和生产基地。这些企业在产品研发、技术创新、品牌推广和市场营销等方面投入了大量资源和精力。企业在产品范围上涵盖了护肤品、彩妆、个人护理等多个领域,以满足不同消费者的需求,通过不断创新和改进来提高产品质量和品牌形象。这些企业不仅在国内市场上竞争激烈,还积极开拓国际市场,将上海的化妆美品推向全球舞台(表 3-2)。

表 3-2 上海化妆美品品类代表性企业基本信息

企业名称	成立时间	注册资本	所属地区	企业性质
上海家化联合股份有限公司	1995-12-01	67963.4461万元人民币	上海市虹口区	其他股份有限公司(上市)
上海相宜本草化妆品股份有限公司	2000-03-07	36000万元人民币	上海市宝山区	股份有限公司(台港澳与境内合资、未上市)
欧莱雅(中国)有限公司	2000-09-29	5800.9472万美元	上海市静安区	有限责任公司(外国法人独资)
上海百雀羚日用化学有限公司	2000-10-13	3000万元人民币	上海市静安区	有限责任公司(自然人投资或控股)
伽蓝(集团)股份有限公司	2004-02-05	25000万元人民币	上海市奉贤区	股份有限公司(非上市、自然人投资或控股)
上海上美化妆品股份有限公司	2004-06-11	39795.79万元人民币	上海市嘉定区	股份有限公司(港澳台投资、上市)

（续表）

企业名称	成立时间	注册资本	所属地区	企业性质
雅诗兰黛（上海）商贸有限公司	2005-11-08	62.5万美元	上海市闵行区	有限责任公司（外国法人独资）
娇韵诗化妆品（上海）有限公司	2010-11-09	3560万美元	上海市静安区	有限责任公司（港澳台法人独资）
上海林清轩生物科技有限公司	2011-12-22	2513.9567万元人民币	上海市松江区	有限责任公司（港澳台投资、非独资）
上海橘宜化妆品有限公司	2016-04-05	4059.991万元人民币	上海市奉贤区	有限责任公司（港澳台投资、非独资）

2. 重点企业发展概况

（1）上海上美化妆品股份有限公司

① 企业概况

上海上美化妆品股份有限公司（以下简称上美）起源于2002年，集团秉承"因为喜欢"的企业文化，"多元、乐观、创新、传承"的企业价值观来进行多品牌布局，主营业务包括护肤、母婴、洗护等品类的生产及销售（表3-3）。此外，企业自建中外两大科研中心和国际化供应链，拥有韩束、一叶子、红色小象等知名品牌，同时构建推出多个新品牌，如asnami、BIO-G、极方、安敏优、newpage一页、山田耕作等，是以科研实力和多品牌布局引领潮流的佼佼者。

表3-3 上海上美化妆品股份有限公司基本信息

上海上美化妆品股份有限公司			
注册时间	2004-06-11	注册资本	39795.79万元
公司地址	上海市嘉定区南翔镇银翔路515号701室	联系方式	021—52035555
企业性质	股份有限公司（港澳台投资、上市）	公司网址	www.chicmaxgroup.com
经营范围	化妆品批发；化妆品零售；文具用品批发；五金产品批发；日用百货销售；包装材料及制品销售；橡胶制品销售；塑料制品销售；卫生用品和一次性使用医疗用品销售；消毒剂销售（不含危险化学品）;货物进出口；技术进出口。（除依法须经批准的项目外，凭营业执照依法自主开展经营活动）		

（数据来源：上海上美化妆品股份有限公司）

② 行业地位及核心特征

上美集团以韩束起家，发展成为拥有一叶子和红色小象等多品牌矩阵公司。三大核心品牌为公司营收主力，助力公司筑牢发展根基，成为规模领先的本土化妆品龙头公司。且上美是2020年唯一拥有两个年零售额超20亿元护肤品牌的国货化妆品公司，2015—2020年连续六年国货品牌零售额排名前五，旗下母婴品牌红色小象 2020 年零售额超 15 亿元，在国货母婴护理品牌中排名第一。一叶子和红色小象更是于 2022 年荣登上海网络新消费品牌榜单 TOP50（表 3-4）。

上美重视研发和供应链，在上海环球港和日本 Port Island 设置双研发中心，拥有高效完备的供应链体系。多年来，公司一方面保持较高的研发投入，研发支出高于行业平均水平；另一方面保持人才梯队建设，积极引进人才。截至 2022 底，公司研发团队超 200 人。凭借杰出的品牌综合能力和科研实力，一叶子还斩获了 2022 年度专研奖。

此外，公司创新六项营销模型，覆盖整个营销流程，包括大媒介投放、全域内容种草、效果投放、电商营销、直播引爆、客户推广。并且前瞻性布局营销渠道，营销投放灵敏，积极覆盖多个线上及线下渠道，有效实现消费者触达和市场渗透。

表 3-4　2022 年上海上美旗下三大核心品牌热销产品宣传图

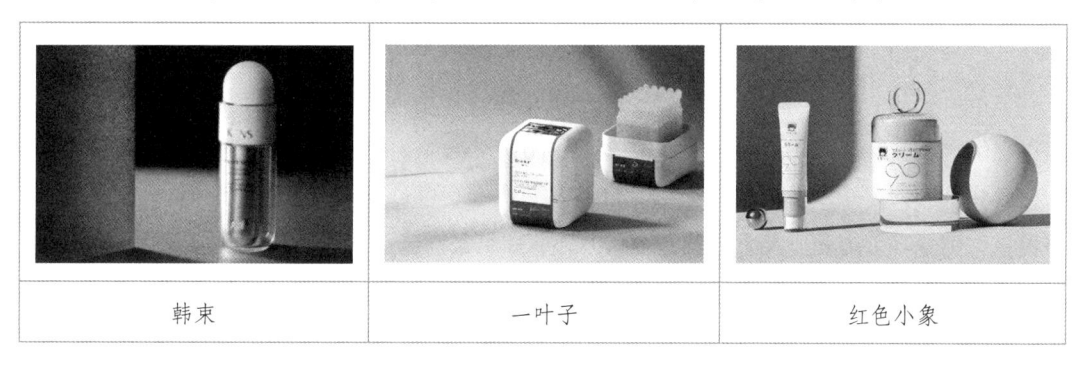

韩束	一叶子	红色小象

（2）伽蓝（集团）股份有限公司

①企业概况

伽蓝（集团）股份有限公司（以下简称伽蓝）于 2001 年在上海创立，公司集研发、生产、销售、服务于一体，聚焦于化妆品、个人护理品与美容功能食品产业，先后创立了美素、自然堂、植物智慧、医婷四个个性鲜明的品牌（表 3-5）。伽蓝坚守着"合作共赢、创新突破、客户至上、诚信负责"的核心价值观，坚持向数字化驱动的生物科技美妆企业发展，树立世界顶尖科技与东方美学艺术完美结合的企业形象，在研发、制造、零售、服务、运营、形象各方面全面科技化；从东方人的文化、饮食和肌肤特点出发，为消费者提供五感六觉、完美超卓的世界一流品质的产品与服务，向世界传递东方美学价值。

至今，伽蓝在全国 31 个省、市（自治区、直辖市）建立各类零售网络 40000 多个，覆盖全国所有城市、县城及一万多个城镇，在百货商场、KA 卖场、超市、美妆店、药房中均设有品牌专柜，包括上海分公司、北京分公司、生产基地在内拥有直属员工近 8000 人，网络总从业人员 50000 余人，成为国内市场份额与品牌业绩同步稳定增长的行业领跑者。

表 3-5　伽蓝（集团）股份有限公司基本信息

伽蓝（集团）股份有限公司			
成立时间	2004-02-05	注册资本	25000 万元
公司地址	上海市丽丰路 12 号	网址	www.jala.com.cn
企业性质	其他股份有限公司	联系方式	021-62630000
经营范围	化妆品（发用、护肤、美容修饰、香水类）、洗涤用品生产、销售，美容美发器材、包装容器、包装材料、日用百货批发、零售，化妆品、洗涤用品、包装容器、包装材料研发，食品流通，商务信息咨询，展览展示服务，自有设备租赁，自有房屋租赁，从事货物进出口业务和技术进出口业务。		

（资料来源：伽蓝［集团］股份有限公司）

② 行业地位及核心特征

伽蓝旗下品牌自然堂揽获了多项销售额第一的成绩，成就了伽蓝不可撼动的行业领先地位。经过多年的沉淀，已成为中国最大的高科技美妆企业（图 3-5），累计申请各类专利共计 403 件，其中申请发明专利 226 件，累计获得授权专利 179 件。伽蓝自创立以来坚持自主研发与全球合作相结合的发展路线，在研发、制造、零售、服务、运营、形象各方面实现全面科技化。同时，在全球范围寻找安全性高、功效好、可持续来源的天然成分，运用世界先进科技，确保其生产配方及工艺既适合东方人肤质，又同步于国际一流水平。

伽蓝集团目前是联合国开发计划署战略合作伙伴、博鳌亚洲论坛白金级会员单位、中国 2010 年上海世博会参展企业、中国载人航天科研合作伙伴、中国南北极科学考察队合作伙伴。

（3）上海家化联合股份有限公司

① 企业概况

上海家化联合股份有限公司（以下简称上海家化）是中国美妆日化行业历史悠久的民族企业之一，前身是成立于 1898 年的香港广生行，于 2001 年在上海证券交易所上市，是国内

图 3-5　2022 年伽蓝旗下主营品牌自然堂 × 王者荣耀联名产品宣传图

行业中首家上市企业（表3-7）。上海家化高度重视品牌建设，旗下拥有多个品牌，涵盖领域可分为三类：护肤品类包括佰草集、玉泽、高夫、典萃、美加净以及双妹品牌（表3-8），个护家清类包括六神和家安品牌，母婴类包括启初和汤美星品牌。品类布局全面，在众多细分市场上建立了领先地位。

表3-7　上海家化联合股份有限公司基本信息

上海家化联合股份有限公司			
成立时间	1995-12-01	注册资本	67341.6467 万人民币
公司地址	上海市保定路 527 号	网址	www.jahwa.com.cn
企业性质	其他股份有限公司（上市）	联系方式	021-35907000
经营范围	开发和生产化妆品，化妆用品及饰品，日用化学制品原辅材料，包装容器，香料香精、清凉油、清洁制品，卫生制品，消毒制品，洗涤用品，口腔卫生用品，纸制品及湿纸巾，腊制品，驱杀昆虫制品和驱杀昆虫用品，电器装置，美容美发用品及服务，日用化学品及化妆品技术服务；药品研究开发和技术转让；销售公司自产产品，从事货物及技术进出口业务。		

（资料来源：上海家化联合股份有限公司）

表3-8　2022年上海家化旗下部分品牌热销产品图

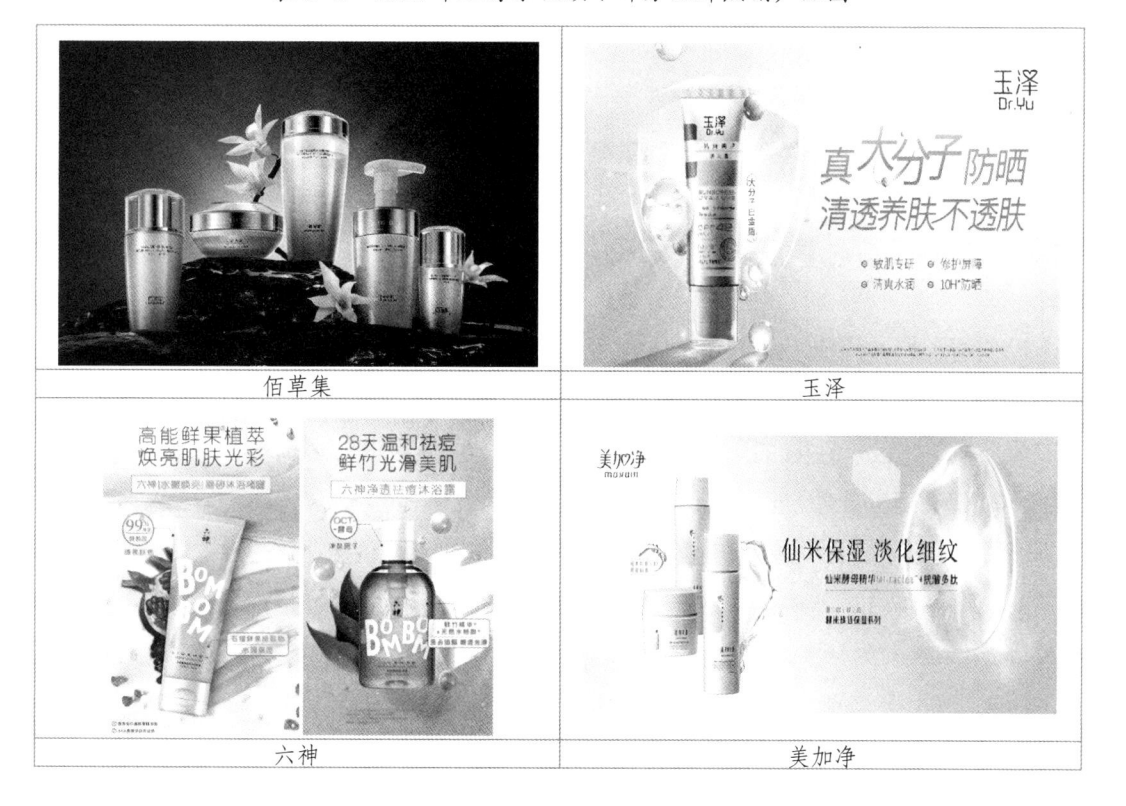

佰草集	玉泽
六神	美加净

② 行业地位及核心特征

上海家化作为国产日化品的知名企业,凭借自身的产品优势和市场品牌的不断建设,成为国内目前品类和品牌矩阵最为强大的平台型日化龙头公司。

公司在品牌发展上,持续推动品牌高端化、年轻化、专业化。在美妆品类中,佰草集成功实现产品线清理和品牌定位的重新塑造,向高端化转型。截至2022年末,太极系列、七白系列、双石斛系列等主要产品线已经占据了品牌销售额的52%。在个护品类中,六神推动年轻化、高端化和全季化,通过创新IP如"六神清凉节"和"66种神操作"、与平台合作大牌日营销、联合明星代言的整合营销活动,成功将菁萃系列沐浴露打造成天猫旗舰店第一产品系列,菁萃系列沐浴露在全电商平台2022年同比增长87%,市场份额不断提升。

在渠道进阶方面,公司持续深化与线上线下各平台的全方位合作。公司线下渠道通过持续关闭低效率门店进行渠道改革,2021年共关闭111家低单产专柜及门店,截至2021年底现存专柜及门店数合计866家,销售费用中租金支出1.82亿元降低至2021年1.7亿元。线上在抖音、公众号、小红书等平台加大布局,从而触达用户,新零售赋能线下门店,不断提升新零售占比。

三、产业集聚新发展

1. 产业集聚特色

(1) 集聚规模效应明显

作为化妆美品行业巨头企业的青睐之地,上海吸引了大量的知名品牌进驻,形成了品牌密集的局面。欧莱雅在上海开办了中国总代表处,雅诗兰黛成立全资子公司,宝洁将销售中心设立在上海,联合利华、强生、爱茉莉太平洋等国际化妆品护肤、日化集团都在此设立区域性总部。本土大型化妆品制造商亦是云集。上海家化、上海伽蓝等凭借佰草集、自然堂等起步较早的品牌,在国际化妆品集团林立的局面中占得一席之地。

总体而言,上海以中高端化妆品龙头集聚为特色,企业纷纷在上海设立总部或分支机构,拥有较为完整产业链和很强的产业向心力,共同助力上海成为化妆美品产业的核心地区。

(2) 资源创新驱动产业发展迅速

上海拥有丰富的人才资源和创新环境,高度重视企业自主创新能力建设,出台了一系列政策支持鼓励企业技术创新。许多知名企业在上海设立研发中心,积极投入研发资源,加强与科研机构和高校的合作,致力于开发高品质和创新产品,汇聚众多优秀的研发人员和专业技术团队。这些人才的汇聚不仅带来了技术突破,还包括产品包装、渠道销售、营销策略等

图 3-6　上海"东方美谷"全景图

多个方面，推动了整个行业的发展进步，满足消费者的多样化需求。

2. 典型产业园区

（1）东方美谷

自 2016 年将奉贤"东方美谷"作为上海大健康产业的先行先试核心承载区以来，奉贤区美丽健康产业保持着强劲增长势头（图 3-6）。2022 年奉贤区化妆品类商品零售额为 47.2 亿元，较上年增速 7.7%。[1]

奉贤区在市委、市政府的领导下，紧紧围绕"健康中国、美丽中国"战略，对标国际最高标准、最好水平，聚焦药品、化妆品等先导领域，把握主动权、抢占新赛道、布局产业链，形成了多种产业共生共赢的"美丽健康产业联盟"。集聚了全市 1/3 以上的化妆品企业，产业规模接近 700 亿元，"东方美谷"品牌价值总额已超 280 亿元，成了上海规模最大、国内知名度最高的化妆品产业集聚地，美丽健康产业创新策源地、投资首选地、时尚消费地。[2]

2022 年，奉贤区成功举办东方美谷国际化妆品大会，着眼化妆品行业发展新趋势、新模式、

---

[1] 上海市奉贤区统计局.2022 年上海市奉贤区国民经济和社会发展统计公报 [EB/OL].（2023-06-12）[2024-06-22]. https://www.fengxian.gov.cn/tjj/tjsj/index.html.

[2] 上海市奉贤区人民政府.2022 东方美谷国际化妆品大会开幕 [EB/OL].（2022-11-10）[2024-06-22].https://app.sheitc.sh.gov.cn/zxxx/693823.htm.

新市场，把握新发展格局，会上启动了东方美谷元宇宙展厅。该展厅汇聚了国内外 70 余家知名化妆品企业，利用 Unity、云渲染技术，高仿真还原线下展会，让参展企业在元宇宙空间中实现文化展示、新品宣传、交流洽谈等功能，赋能品牌业务价值，传播品牌创新理念，助力品牌发展。

（2）南京西路商业区

上海国际美妆节已经连续 3 年在静安区举办，中心城区静安区吸引了大批海内外知名美妆企业入驻，美妆行业集聚发展已经成为静安区商业的一大特色和亮点，入驻静安的美妆企业涵盖了彩妆、护肤、护理、美容、功能性美妆等各个领域。2022 年，区内 11 家主要化妆品企业累计完成零售额 341.09 亿元，同比增长 2.84%；区内 14 家主要化妆品企业累计完成商品销售额 812.82 亿元，同比增长 1.59%；南京西路商圈吸引了 7 家美妆首店入驻，其中包括 1 家亚洲首店和 2 家全国首店。[1]

2022 年 8 月静安区印发《静安区推动化妆品产业高品质发展实施方案》，明确指出要深入推进南京西路美妆品牌世界橱窗建设，打造国际品牌与本土品牌共同发展、时尚潮流与创意设计同频共振、数字消费与线下消费高效融合的"全球化妆品总部集聚中心"。[2]

---

[1] 上海市静安区人民政府.2023 上海国际美妆节今天启动，开启科技化、沉浸式消费新场景 [EB/OL].（2023-05-11）[2024-06-22]. https://www.jingan.gov.cn/rmtzx/003008/003008004/20230511/0935661f-4c3a-42d7-85f2-cba9cc6b75b3.html.

[2] 上海市静安区人民政府.2023 上海国际美妆节今天启动，开启科技化、沉浸式消费新场景 [EB/OL].（2023-05-11）[2024-06-22]. https://www.jingan.gov.cn/rmtzx/003008/003008004/20230511/0935661f-4c3a-42d7-85f2-cba9cc6b75b3.html.

第四章　精致食品行业发展概况
OVERVIEW OF THE DEVELOPMENT OF CLOTHING AND FASHION INDUSTRY

一、行业总体分析

1. 行业现状分析

精致食品作为时尚消费品，是指以高品质、创新、个性化和与时尚潮流相联系的食品产品，满足消费者对品味、独特性和时尚体验的需求。精致食品行业主要涵盖农副食品加工业、食品制造业及饮料、酒和精制茶制造业等领域（表4-1），致力于提高食品品质、口感和营养价值，满足消费者对创新、多样化和健康饮食的需求。

表4-1　精致食品涉及的行业领域范围

行业大类	细分类别
农副食品加工业	谷物磨制
	饲料加工
	植物油加工
	制糖业
	屠宰及肉类加工
	水产品加工
	蔬菜、菌类、水果和坚果加工
	其他农副食品加工：包括淀粉及淀粉制品制造、豆制品制造、蛋品加工及其他未列明农副食品加工。

（续表）

行业大类	细分类别
食品制造业	焙烤食品制造
	糖果、巧克力及蜜饯制造
	方便食品制造
	乳制品制造
	罐头食品制造
	调味品、发酵制品制造
	其他食品制造：包括营养食品制造、保健食品制造、冷冻饮品及食用冰制造、盐加工、食品及饲料添加剂制造和其他未列明食品制造。
酒、饮料和精制茶制造业	酒的制造
	饮料制造
	精制茶加工

根据上海市统计局数据（表4-2、表4-3、表4-4），2023年上海精致食品业（不包括烟草制造）完成工业总产值1267.47亿元，与2022年同期相比增长了23.5%；完成主营业务收入1592.34亿元，同比增长3.0%；实现利润109.44亿元，同比增长了25.7%。

2023年，上海精致食品业总体处于下降后逐步回升的趋势。面临土地、人力、原料成本的不断上升、产业结构调整等诸多的困难与挑战，食品业顽强求生度过"寒冬"，通过数字赋能、低碳发展、品牌建设等转型升级，不断壮大实力，提升产业质量。

表4-2 工业总产值完成（单位：亿元）

行业名称	工业总产值		
	2023年	2022年	同期增长（%）
上海精致食品行业合计	1267.47	1026.02	23.5
其中：农副食品加工业	357.42	349.04	2.4
食品制造业	810.68	804.25	0.8
饮料、酒和精制茶制造业	99.37	106.73	-6.9

（数据来源：上海市统计局[1]）

---

1 上海市统计局.2022年12月规模以上工业总产值（按行业分）[EB/OL].（2023-01-20）[2024-06-22]. https://tjj.sh.gov.cn/ydsj32/20230113/be8765a6adc040c2a92892bed31eb817.html.

表 4-3 营业收入（单位：亿元）

行业名称	营业收入		
	2023年	2022年	同期增长（%）
上海精致食品行业合计	1592.34	1546.47	3.0
其中：农副食品加工业	481.94	476.23	1.2
食品制造业	992.56	950.73	4.4
饮料、酒和精制茶制造业	117.84	119.51	-1.4

（数据来源：上海市统计局[1]）

表 4-4 利润总额（单位：亿元）

行业名称	利润总额		
	2023年	2022年	同期增长（%）
上海精致食品行业合计	109.44	87.08	25.7
其中：农副食品加工业	17.63	15.19	16.1
食品制造业	78.43	65.03	20.6
饮料、酒和精制茶制造业	13.38	6.86	95.0

（数据来源：上海市统计局[2]）

2. 相关产业政策

2017年1月发改委印发《关于促进食品工业健康发展的指导意见》提出到2020年，食品工业规模化、智能化、集约化、绿色化发展水平明显提升，供给质量和效率显著提高。产业规模不断壮大，产业结构持续优化，规模以上食品工业企业主营业务收入预期年均增长7%左右；创新能力显著增强，"两化"融合水平显著提升，新技术、新产品、新模式、新业态不断涌现。[3]

2022年12月国务院印发《扩大内需战略规划纲要（2022—2055年）》中明确要加强引导、强化监督、支持创新，推动增加高品质基本消费品供给，推进内外销产品同线同标同质。倡

---

[1] 上海市统计局.2022年12月规模以上工业主要经济效益指标（按行业分一）[EB/OL].（2023-01-30）[2024-06-22]. https://tjj.sh.gov.cn/ydsj34/20230130/b00d1b1e36d646f49ac2370708adeb9b.html.
[2] 上海市统计局.2022年12月规模以上工业主要经济效益指标（按行业分一）[EB/OL].（2023-01-30）[2024-06-22]. https://tjj.sh.gov.cn/ydsj34/20230130/b00d1b1e36d646f49ac2370708adeb9b.html.
[3] 发展改革委.两部门发布关于促进食品工业健康发展的指导意见[EB/OL].（2017-01-11）[2024-06-22].https://www.gov.cn/xinwen/2017-01/11/content_5158897.htm.

导健康饮食结构，增加健康、营养农产品和食品供给，促进餐饮业健康发展。坚持不懈制止餐饮浪费。[1]

2022年7月工业和信息化部办公厅《关于开展2022"三品"全国行活动的通知》提出要组织百家优质品牌引领消费升级。面向服装、家纺、家具、家电、五金、洗涤、休闲食品、乳制品、健康养老、消费电子等十大行业，突出行业协会组织协调作用，支持百家企业促销万件优质消费品。[2]

2021年1月《上海市国民经济和社会发展第十四个五年规划和二〇三五年远景目标纲要》提出要打造时尚高端的现代消费品产业，推动食品等特色产业提高原创设计能力，提升本市绿色食品认证率，促进绿色食品规模化发展。[3]

2023年3月《关于培育传统优势食品产区和地方特色食品产业的指导意见》明确了传统优势食品产区和地方特色食品产业的发展目标。提出到2025年，传统优势食品产区规模不断壮大，地域覆盖范围进一步拓展，地方特色食品产业发展质量和效益不断提升。[4]

3. 行业发展特征

近年来，上海时尚食品业围绕国家"供给侧结构性改革"发展战略，聚焦上海建设国际消费城市目标，以高水平保障食品安全和提升产业自主创新为重点，着力推进食品工业规模化、特色化、集群化、品牌化发展，打造具有国际竞争力的现代食品产业体系，呈现出以下发展特征：

（1）"减量增质"构建良性循环

上海食品行业进入"减量增质"期，以优化结构、减量增质为主要特色，构建行业优质循环。数据显示，2022年，上海分别注销食品生产许可证、食品经营许可证（主体业态为食品销售）、食品经营许可证（主体业态为餐饮服务或单位食堂）113张、19422张、11563张。截至2022年，年产值在2000万元以上（规模以上[5]）的食品生产企业有425家，占总数的30.8%。和2017年比，

---

1 新华社.中共中央、国务院印发《扩大内需战略规划纲要（2022—2035年）》[EB/OL].（2022-12-14）[2024-06-22]. https://www.gov.cn/zhengce/2022/12/14/content_5732067.htm.

2 工业和信息化部办公厅.关于开展2022"三品"全国行活动的通知[EB/OL].（2022-06-30）[2024-06-22]. https://www.gov.cn/zhengce/zhengceku/2022/07/05/content_5699316.htm.

3 上海市人民政府网.上海市国民经济和社会发展第十四个五年规划和二〇三五年远景目标纲要[EB/OL].（2021-01-30）[2024-06-22]. https://www.shanghai.gov.cn/nw12344/20210129/ced9958c16294feab926754394d9db91.html.

4 新华社.十一部门发文 培育传统优势食品产区和地方特色食品产业[EB/OL].（2023-03-29）[2024-06-22]. https://www.gov.cn/xinwen/2023/03/29/content_5749024.htm.

5 本文所指及统计的规模以上工业企业，均为年主营业务收入2000万元及以上的法人工业企业。

2022年上海规模以上食品生产企业的比重提高了约7%。[1]可见,上海食品产业正走向良性循环,从"一味求多"的粗放式发展,转向内涵扩大再生产。

（2）科技创新引领潮流

上海建立健全食品工业创新体系,推动食品产业技术创新平台建设,规模以上食品工业企业研发设计、生产管理、营销服务等关键环节,互联网应用覆盖率都达到了国际先进水平。如2022年光明乳业持续推进的全产业链数字化转型,打造了智慧营销、智慧运营、智慧组织和智慧生态等全流程的数字化管控系统和平台（图4-1）。其中包括"智能工厂"管理体系的建设,其率先引入的WCM世界级制造管理系统结合全球先进工艺实践和改进方法,推动工厂智能制造建设,提高生产效率,真正实现了企业向"智造"的飞跃。[2]

图 4-1　光明乳业华东中心工厂数字化生产实景

（3）绿色低碳效果明显

上海食品业规模以上企业节能指标进一步提高,绿色制造水平明显提升,一大批关键共性绿色制造技术实现产业化应用,形成一批绿色发展的示范企业。如近年来在《上海市碳达峰实施方案》和《上海市瞄准新赛道促进绿色低碳产业发展行动方案（2022—2025年）》的政策指导下,上海鑫国食品有限公司积极响应上海政府在政策中提出的"光伏+"模式,与华为智能光伏合作,在行业内率先采用行业绿电解决方案（图4-2）。利用"光伏+食品"的应用模式,鑫国食品全面持续推进绿色制造,加速自身食品制造体系绿色升级改造,为食

1　解放日报.2022年上海市食品安全白皮书发布[EB/OL].（2023-01-19）[2024-06-22]. https://www.shobserver.com/staticsg/res/html/journal/detail.html?date=2023-01-19&id=346569&page=10/11.

2　央广网.光明乳业登上央视《新闻联播》,数字化转型立标杆,真抓实干推动高质量发展[EB/OL].（2023-04-18）[2024-06-22]. https://www.cnr.cn/sazg/cpsc/20230418/t20230418_526222416.shtml.

品行业树立了绿色转型新标杆。[1]

图4-2 上海鑫国食品分布式屋顶光伏标杆项目实景

二、重点企业调研分析

1. 上海精致食品行业重点企业列表

上海是中国近代和现代食品制造业的重要基地和发祥地,也是中国食品品牌诞生的摇篮。近几年来,上海时尚食品业着力推进食品工业规模化、特色化、集群化、品牌化发展,涌现出一批初具规模、管理规范,极具竞争力的龙头企业和名牌产品。

按种类分,本市食品工业种类覆盖全部食品工业19个子行业中的17个,其中焙烤食品制造业已超过其他食品制造业成为上海产值最高、规模以上企业数量最多的产业,也是近几年中,规模以上企业增长数量最多的子行业,代表企业有南侨食品集团(上海)股份有限公司、上海元祖梦果子股份有限公司等(表4-5)。

食品制造业中,营收排在第二、第三位的分别是其他食品制造业以及乳制品制造业。以光明乳业为代表的乳制品制造业,一直是本市食品行业中最具象征的子行业。农副食品加工业中,清美绿色食品集团作为一家民营企业,近几年取得了高速发展,是本市最具代表性的豆制品企业。

---

[1] 中国能源新闻网. 阳光下的美味魔法 "光伏+食品"的创新应用[EB/OL].(2023-03-24)[2024-06-22]. https://cpnn.com.cn/news/kj/202303/t20230320_1591929_wap.html.

表 4-5 上海精致食品品类代表性企业基本信息

企业名称	成立时间	注册资本	所属地区	企业性质
光明乳业股份有限公司	1996-10-7	137864.0863万元人民币	上海市闵行区	其他股份有限公司（上市）
上海清美绿色食品（集团）有限公司	1998-4-17	9500万元人民币	上海市浦东新区	有限责任公司（自然人投资或控股）
上海松林食品（集团）有限公司	1992-12-25	3255.45万元人民币	上海市松江区	有限责任公司（自然人投资或控股）
亿滋食品企业管理（上海）有限公司	2010-1-28	826.78万美元	上海市徐汇区	业类型有限责任公司（外国法人独资）
品渥食品股份有限公司	1997-9-9	10000万元人民币	上海市松江区	股份有限公司（上市、自然人投资或控股）
上海梅林正广和股份有限公司	1997-6-27	93772.9472万元人民币	上海市浦东新区	其他股份有限公司（上市）
上海来伊份股份有限公司	2002-7-2	33655.9908万元人民币	上海市松江区	股份有限公司（上市、自然人投资或控股）
上海妙可蓝多食品科技股份有限公司	1988-11-29	51379.1647万元人民币	上海市奉贤区	其他股份有限公司（上市）
爱普香料集团股份有限公司	1995-6-28	38323.7774万元人民币	上海市嘉定区	股份有限公司（上市、自然人投资或控股）
上海百润投资控股集团股份有限公司	1997-6-19	104969.0955万元人民币	上海市浦东新区	其他股份有限公司（上市）
上海莫小仙食品股份有限公司	2012-6-15	1115.0239万元人民币	上海市闵行区	股份有限公司（港澳台投资、未上市）
上海第一食品连锁发展有限公司	2003-7-22	10000万元人民币	上海市黄浦区	有限责任公司（非自然人投资或控股的法人独资）
上海哈尔滨食品厂有限公司	1988-9-20	1130万元人民币	上海市黄浦区	有限责任公司（非自然人投资或控股的法人独资）
上海豫园旅游商城（集团）股份有限公司	1987-11-25	389993.0914万元人民币	上海市黄浦区	其他股份有限公司（上市）
杏花楼食品餐饮股份	1982-3-12	10000万元人民币	上海市黄浦区	其他股份有限公司（非上市）
上海正新食品集团	2006-1-16	4500万元人民币	上海市松江区	有限责任公司（自然人投资或控股）
上海杨国福企业管理（集团）股份有限公司	2015-11-6	10312.5万元人民币	上海市长宁区	有限责任公司（自然人投资或控股）
上海世好食品	2000-3-2	351.1814万元人民币	上海市青浦区	有限责任公司（外商投资企业与内资合资）
上海紫燕食品	2000-6-9	41200万元人民币	上海市闵行区	股份有限公司（上市、自然人投资或控股）
中饮巴比食品股份有限公司	2010-7-8	25011.375万元人民币	上海市松江区	股份有限公司（上市、自然人投资或控股）

(续表)

企业名称	成立时间	注册资本	所属地区	企业性质
南侨食品集团（上海）股份有限公司	2010-8-2	42797.6616万元人民币	上海市徐汇区	股份有限公司（外商投资、上市）
上海元祖梦果子股份有限公司	2002-8-20	24000万元人民币	上海市青浦区	股份有限公司（台港澳与境内合资、上市）
津味（上海）餐饮管理有限公司	2007-9-12	799万美元	上海市静安区	有限责任公司（港澳台法人独资）
上海克莉丝汀食品有限公司	1993-1-19	1297万美元	上海市徐汇区	有限责任公司（港澳台法人独资）
上海力醒科技有限公司	2019-6-10	1172.6269万元人民币	上海市长宁区	有限责任公司（港澳台投资、非独资）
蓝瓶咖啡（中国）有限公司	2021-8-13	1200万美元	上海市静安区	有限责任公司（外国法人独资）
星巴克企业管理（中国）有限公司	2005-3-31	700万美元	上海市徐汇区	有限责任公司（港澳台法人独资）
皮氏咖啡（上海）有限公司	2016-8-18	10000万美元	上海市徐汇区	有限责任公司（港澳台法人独资）
提姆（上海）餐饮管理有限公司	2018-2-26	12050万美元	上海市黄浦区	有限责任公司（港澳台法人独资）
上海茵赫实业	2015-10-15	403.1465万元人民币	上海市静安区	有限责任公司（港澳台投资、非独资）
上海艾恰餐饮管理	2017-6-14	179.096万元人民币	上海市闵行区	有限责任公司（外商投资、非独资）
生根餐饮管理（上海）	2011-8-25	2000万元人民币	上海市普陀区	有限责任公司（外国法人独资）
均瑶集团上海食品有限公司	2000-1-5	1000万元人民币	上海市浦东新区	有限责任公司（自然人投资或控股的法人独资）
上海永璞文化创意有限公司	2014-8-8	154.8751万元人民币	上海市徐汇区	有限责任公司（港澳台投资、非独资）
旭日森林食品饮料（上海）有限公司	2019-6-13	1000万元人民币	上海市长宁区	有限责任公司（自然人独资）
上海正广和汽水有限公司	2003-4-15	2500万元人民币	上海市杨浦区	有限责任公司（非自然人投资或控股的法人独资）
上海新成食品有限公司	1993-9-15	3000万元人民币	上海市浦东新区	有限责任公司（自然人投资或控股）
上海孙桥现代农业联合发展有限公司	1994-8-31	30000万元人民币	上海市浦东新区	有限责任公司（国有控股）
光明米业（集团）有限公司	2011-4-27	35000万元人民币	上海市崇明区	有限责任公司（非自然人投资或控股的法人独资）
上海蔬菜（集团）有限公司	1997-8-5	32179万元人民币	上海市黄浦区	有限责任公司（非自然人投资或控股的法人独资）

（续表）

企业名称	成立时间	注册资本	所属地区	企业性质
上海科立特农科（集团）有限公司	2003-9-5	10000万元人民币	上海市闵行区	有限责任公司（国有独资）
上海元盛食品有限公司	1995-5-30	1080万美元	上海市松江区	有限责任公司（外国法人独资）
上海银龙农业发展有限公司	1994-4-20	10000万元人民币	上海市金山区	有限责任公司（非自然人投资或控股的法人独资）
上海塞翁福农业发展有限公司	2008-9-16	5100万元人民币	上海市奉贤区	有限责任公司（自然人独资）
上海鑫博海农副产品加工有限公司	2007-9-6	4000万元人民币	上海市金山区	有限责任公司（自然人投资或控股的法人独资）
上海丰科生物科技股份有限公司	2001-12-17	9480万元人民币	上海市奉贤区	其他股份有限公司（非上市）
上海森蜂园蜂业有限公司	2001-3-21	5337.2万元人民币	上海市奉贤区	有限责任公司（自然人投资或控股）

2. 重点企业发展概况

（1）光明乳业股份有限公司

① 企业概况

光明乳业股份有限公司（以下简称光明乳业）主要从事各类乳制品的开发、生产和销售，奶牛的饲养、培育，物流配送等业务，主要生产销售新鲜牛奶、新鲜酸奶、常温白奶、常温酸奶、乳酸菌饮品、冷饮、婴幼儿及中老年奶粉、奶酪、黄油等产品（表4-6、表4-7）。

表4-6　光明乳业股份有限公司基本信息

光明乳业股份有限公司			
注册时间	1996-10-07	注册资本	137864.0863万元人民币
公司地址	上海市吴中路578号	联系方式	021-54584520-5623
企业性质	其他股份有限公司（上市）	公司网址	www.brightdairy.com
经营范围	批发兼零售：预包装食品（含冷冻冷藏、不含熟食卤味），散装食品（直接入口食品，不含熟食卤味），乳制品（含婴幼儿配方乳粉）；分支机构经营：生产：巴氏杀菌乳（含益生菌）、酸乳（含益生菌）、乳制品【液体乳】（调制乳、灭菌乳）、饮料（果汁及蔬菜汁类、蛋白饮料类）、其他饮料类、食品用塑料包装容器工具等制品；从事相关产业的技术、人员培训和牧业技术服务，从事货物及技术的进出口业务。		

（资料来源：光明乳业股份有限公司及国家企业信用信息公示系统网页）

表 4-7　光明乳业旗下品牌产品宣传图

光明优倍高品质鲜牛奶	光明致优国内高端鲜奶品牌
光明基础鲜牛奶系列	光明风味牛奶饮品

② 行业地位及核心特征

光明乳业拥有乳业生物科技国家重点实验室，研发实力领先。公司规模在乳制品行业中名列前茅，是乳品行业集奶牛养殖、乳制品研发及生产加工、冷链物流配送终端销售等一、二、三产业链于一体的全国性大型乳品企业，也是中国乳业高端品牌的引领者。

光明乳业拥有先进的乳品加工工艺、技术和设备。其中国首创巴氏杀菌热处理酸奶，突破性实现酸奶产品常温储运，在增加产品多样性的同时，解决了不同地域不同场景冷链痛点，让消费者实现酸奶自由。此外，光明乳业还采用了多项创新技术来提升产品质量和环保性能。其中，陶瓷膜过滤除菌技术，双膜过滤低温巴氏杀菌工艺，降低能耗，减少碳排放，对环境更友好，保留更多鲜奶原生活性营养成分。而蒸汽注入式瞬时杀菌工艺技术（INF）则在节能减排的同时，保留产品更多活性营养成分的同时，提升了产品品质，有效延长了货架期。

光明乳业持续推进全产业链数字化转型，引领高质量发展，打造智慧营销、智慧运营、智慧组织和智慧生态等全流程的数字化管控系统和平台。如启动不久的财务数字化项目、成功上线协同办公平台"数智光明"以及不断改善用户体验的随心订平台。公司凭借全程领"鲜"，持续打造数字化供应链的各项举措，成功获评"2022年全国供应链创新与应用示范企业"，国家级"智能制造试点示范工厂"揭榜单位以及上海市首批"工赋链主"培育企业。

（2）上海紫燕食品股份有限公司

① 企业概况

上海紫燕食品股份有限公司（以下简称紫燕食品）是国内规模化的卤制食品生产企业，主营业务为卤制食品的研发、生产和销售，主要产品为夫妻肺片、百味鸡、藤椒鸡等以鸡、鸭、牛、猪等禽畜产品以及蔬菜、水产品、豆制品为原材料的卤制食品（表4-8），应用场景以佐餐消费为主、休闲消费为辅，主要品牌为"紫燕"。紫燕食品致力于传承中华美食文化，产品配方传承川卤工艺，融合了川、粤、湘、鲁众味。凭借在卤制食品行业多年的经验积累，不断推陈出新，并根据大众口味及消费习惯的变化进行改良，产品种类丰富，兼顾餐饮佐餐、休闲享受、礼品赠送等多元化的消费场景需求（表4-9）。

表 4-8　上海紫燕食品股份有限公司基本信息

上海紫燕食品股份有限公司			
注册时间	2000-06-09	注册资本	41200万元人民币
公司地址	上海市闵行区申南路215号	联系方式	021-52969658
企业性质	股份有限公司 （上市、自然人投资或控股）	公司网址	www.ziyanfoods.com
经营范围	许可项目：食品生产；食品经营。一般项目：电子商务（不得从事金融业务），社会经济咨询服务，品牌管理，从事计算机科技领域内的技术开发、技术转让、技术服务，包装材料、电子产品、五金交电的销售，非居住房地产租赁,餐饮服务（限分支机构经营）。		

（资料来源：上海紫燕食品股份有限公司及国家企业信用信息公示系统网页）

表 4-9 紫燕食品旗下品牌产品宣传图

招牌百味鸡	招牌藤椒鸡	爽口蹄花
散装产品系列		
锁鲜香油云丝	锁鲜香辣豆干	锁鲜酸辣海带丝
气调产品系列		
真空装孜然藕丁	真空装孜然颈骨	真空装五香鸭翅
礼盒产品系列		

② 行业地位及核心特征

紫燕食品自成立至今,凭借优秀的产品及良好的口碑,荣获了农业部颁发的"全国主食加工业示范企业",中国保护消费者基金会颁发的"3·15诚信体系放心单位""3·15诚信体系优秀单位",以及"长江三角洲地区名优食品"等多项荣誉。自2016年起,紫燕食品已连续6年获评"上海食用农产品十大畅销品牌",并在2021年上榜胡润中国餐饮连锁企业投资价值榜TOP50。其市场占有率和影响力不断提升,现已成为卤制熟食行业佼佼者。

随着近年线上外卖业务的迅速发展,紫燕食品也紧跟消费潮流,不断强化团队的运营能力,提升服务质量,持续通过主流外卖平台,针对不同区域的消费场景为加盟商量身打造活动方案。同时积极构建线上销售、团购模式等多样化立体式营销网络体系。其抓住行业整体快速增长的发展机遇及第三方平台汇集的巨大用户流量,迅速进行线上全渠道布局,如与盒马鲜生、叮咚买菜等大型O2O生鲜电商进行的合作。

(3) 上海元祖梦果子股份有限公司

① 企业概况

上海元祖梦果子股份有限公司(以下简称元祖食品)的产品主要以境内市场销售为主,利用全国741家线下实体店、线上门店及各大电子商务平台和外卖平台实现B端和C端多种类型客户的销售覆盖。其中,线下实体店以直营为主,加盟为辅,开展销售活动。公司自设立以来,以"演绎民俗,创新传统,分享幸福,放眼世界"为企业使命,开启食养文化,旗下拥有蛋糕、中西式糕点礼盒(包含月饼、粽子等)等多种产品系列(表4-10)。

表4-10 上海元祖梦果子股份有限公司基本信息

上海元祖梦果子股份有限公司			
注册时间	2002-08-20	注册资本	24000万元人民币
公司地址	上海市青浦区赵巷镇嘉松中路6088号	联系方式	021-59755678
企业性质	股份有限公司(台港澳与境内合资、上市)	公司网址	www.ganso.com.cn
经营范围	食品生产;食品流通;食用农产品(稻谷、小麦、玉米除外)、鲜花、工艺品、日用品、烘焙用品及用具、相关配套包装材料的销售,以特许经营方式从事"元祖""GANSO"品牌的经营活动;自有房屋租赁并提供相关物业管理服务。		

(资料来源:上海元祖梦果子股份有限公司及国家企业信用信息公示系统网页)

表 4-11　元祖食品旗下品牌产品宣传图

巨有钳鲜奶蛋糕　巨蟹巨有钳　¥238.00　　日进斗金鲜奶蛋糕　日进斗金 财源滚滚　¥238.00　　爱的礼赞鲜奶蛋糕　¥238.00	
梦蛋糕系列产品	
4入定胜糕　¥28.00　　软糖盒子　¥25.00　　新唐风凤凰酥礼盒　¥30.00	
元祖礼盒系列产品	
元气三明治　早餐和下午茶好选择，需冷冻保存　¥15.00　　西点卷　卷起来的幸福　¥12.00　　4入定胜糕　¥28.00	
精致西点系列产品	

② 行业地位及核心特征

元祖食品通过积极优化产品结构，精简 SKU（Stock Keeping Units 库存单位），提高品类管理效率、提升爆品竞争优势，并聚焦不同时令节日，提供适用于不同消费场景的产品。为秉承健康、好吃、有故事的理念，公司多年来坚持使用纯动物奶油制作鲜奶蛋糕，并设计研发星座蛋糕系列，以原创 IP "脱兔"和"咪兔"为主角演绎，兼具故事性和趣味性，迎合当代年轻人的消费习惯与场景，获得消费者的认可（表 4-11）。

在食品安全和质量管控方面，公司食安管理体系持续优化升级，目前有效体系包含 FSSC22000、ISO22000、ISO9001 等安全及质量体系，覆盖采购、生产、质检等各方面，并严格落实质量管控责任制，引入专业 SGS 机构辅助审核供应商和门店管理，从源头把控食品安全，提高食品安全质量管控水平，打造匠心品质、有口皆碑。

元祖食品也注重线上平台发展，结合不同平台消费者特性及年龄圈层，进行多渠道差异化推广，以实现精准营销。元祖食品根据产品特性对平台实现全面覆盖，包括微博、微信、小红书、抖音、B 站五大热门平台，合理调整线下传统媒体比例，积极拥抱新媒体。

元祖食品近年来持续升级运营系统，梳理和完善引流方式，打开拉新全链路，促进会员增量，注重公私域平台多渠道的品牌经营，实现流量公域向私域引入和巩固。如线上推广方面，2022 年元祖食品在微博、抖音等社交平台发起热点话题"#方言说新年快乐""#挑战赛"等，与梦龙跨界联名推出"元梦丝巧"冰淇淋蛋糕以及上线的会员社交生态圈——元社区等。

三、产业集聚新发展

1. 产业集聚特色

上海市的食品产业主要聚集于上海郊区，包括青浦区、松江区、金山区、奉贤区在内的新型城市化地区以及包括闵行区、宝山区在内的中心城区拓展区。小部分食品产业园区位于上海市的都市发展区——浦东新区，以进口食品为主。

其中松江区拥有的食品产业园区数量最多，且产业集聚区的规模大、占地面积广。松江区以上海国际食品产业园区为核心，协同发展多个专业食品制造及生产园区，其食品产业影响力和聚集力仍在持续不断升级（表 4-12）。

表 4-12　上海精致食品行业产业集聚园区

所属行政区	序号	园区名称
松江区	1	上海国际食品产业园
	2	百仕达食品产业园
	3	巴比食品创意园
青浦区	4	上海德丰食品工业园
	5	恒旺食品科技产业园
奉贤区	6	新金汇食品产业园
	7	上海奉贤经济发展有限公司食品流通产业园
浦东新区	8	华辰优安进口食品产业园（浦东新区）
	9	新食尚都市产业园
杨浦区	10	杨浦都市食品园区
闵行区	11	梅莲食品园区
金山区	12	辰基食品园

2. 典型产业园区

（1）新食尚都市产业园

新食尚都市产业园位于浦东新区宣桥镇，创办于1995年。园区总规划面积3.8平方公里，处于"一轴三带"布局南北科技创新带的中部区域，属于上海市104工业区块之一，具备水陆空立体交通的综合优势。园区2022年获评上海市第三批特色产业园区，是上海极具代表性的都市工业产业特色园区。

新食尚都市产业园目前已有注册企业850余家，就业人员达到9000余人。截至2021年，园区累计完成纳税4.8亿元，工业总产值达到70亿元，食品加工产业生产总产值占园区总产值50%以上。[1] 园区目前主要形成了食品加工、机械制造、电子信息、生物医药四大主导产业。已集聚了上海清美绿色食品（集团）有限公司等代表食品企业。

（2）G60-燎申·上海国际食品产业园

G60-燎申·上海国际食品产业园位于上海市松江区G60科创走廊，总建筑面积22.83万平方米，是上海政府大力支持的消费升级重点项目，是中国商业联合会全球食品采购基地

---

[1] 城市产业动力研究院.原创｜上海特色产业园区速递：新食尚都市产业园[EB/OL].（2023-01-30）[2024-06-22]. https://mp.weixin.qq.com/s/lbWYI0AIKmS_Hc6gaYqNdg.

（图 4-3）。园区紧邻长三角一体化试验区、虹桥商务区。项目共分为产品展示交易区、产业创新转化区、总部经济商务区三大功能区，由北京 58 信息技术有限公司、谷武（北京）科技有限公司提供数字技术支撑，中国商业联合会链接行业资源，通过多元功能布局与产业资源导入，助力食品产业链创新集聚。在松江区和泗泾镇的全面支持下，G60-燎申·上海国际食品产业园已于 2022 年完成升级改造，目前园区入驻企业数多达 251 家，是上海规模最大的食品产业园。

图 4-3　G60-燎申·上海国际食品产业园平面图

第五章 运动优品行业发展概况
OVERVIEW OF THE DEVELOPMENT OF SPORTS EXCELLENCE INDUSTRY

一、行业总体分析

1. 行业现状分析

运动优品作为时尚消费品，主要是围绕运动健身、户外活动等所形成的时尚、专业的运动服饰、智能装备以及特色服务、场景。一般分为体育器材制造业（含竞赛器材，训练、健身、康复器材，民族体育娱乐器材，体育休闲运动器材，体育科研测试仪器等）、运动服饰制造业（含比赛服、领奖服、休闲娱乐和户外活动服装等）、运动鞋制造业（含专项比赛鞋及旅游休闲鞋）三大子行业，运动优品业横跨轻工、纺织、电子、化工、兵器等工业领域，是一个混合型产业系统（表5-1）[1]。

表5-1 运动用品涉及的行业领域范围

行业大类	细分类别
体育器材制造业	竞赛器材
	训练、健身、康复器材
	民族体育娱乐器材
	体育休闲运动器材
	体育科研测试仪器

---

[1] 中研网.中研普华产业研究院发布《2022—2027年体育用品行业市场深度分析及发展规划咨询综合研究报告》[EB/OL].（2022-11-25）[2024-06-22]. https://www.chinairn.com/hyzx/20221125/163553825.shtml.

（续表）

行业大类	细分类别
运动服饰制造业	比赛服
	领奖服
	休闲娱乐服
	户外活动服
运动鞋制造业	专项比赛鞋
	旅游休闲鞋

《2022年上海市居民体育消费调查报告》显示，2022年上海市体育消费总规模约为850.62亿元。其中运动优品类：服装鞋帽、运动装备器材等均处在发展优势区，人均消费金额及消费发生率均较高，可见运动优品行业具有较好的消费市场。[1] 嘉世咨询2022运动鞋业简析报告和168report调查公司发表的运动器材市场研究报告显示，运动优品行业中的运动鞋行业市场规模从2010年到2022年呈现波动上涨的趋势，2022年运动鞋市场规模增至约1860亿元，增长率为16%[2]；运动器材市场也呈现上涨趋势，2022年市场规模约为840亿美元，预计到2024年将达到1160亿美元。[3] 其增长主要受到健康意识的提高、健身热潮的兴起、人口老龄化等因素的推动。2022年我国运动优品行业销售增加值达1936亿元，同

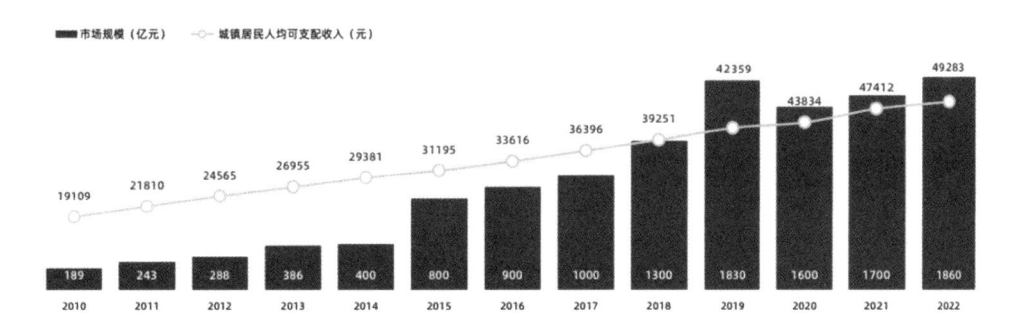

图 5-1　2010—2022年运动鞋业市场规模及城镇居民人均可支配收入
（图片来源于嘉世咨询2022运动鞋业简析报告）

1　上海市体育局.《2022年上海市居民体育消费调查报告》出炉[EB/OL].（2023-07-12）[2024-06-22]. http://tyj.sh.gov.cn/gzdt2/20230712/157e96baaaca4bd9ba1559e8a0e1183a.html.
2　嘉世咨询.2022运动鞋行业简析报告[EB/OL].（2023-07-11）[2024-06-22].https://www.sgpjbg.com/baogao/132219.html.
3　恒州博智.运动器材市场研究：2022年已突破800亿美元[EB/OL].（2023-04-20）[2024-06-22]. https://it.sohu.com/a/668442512_121183600.

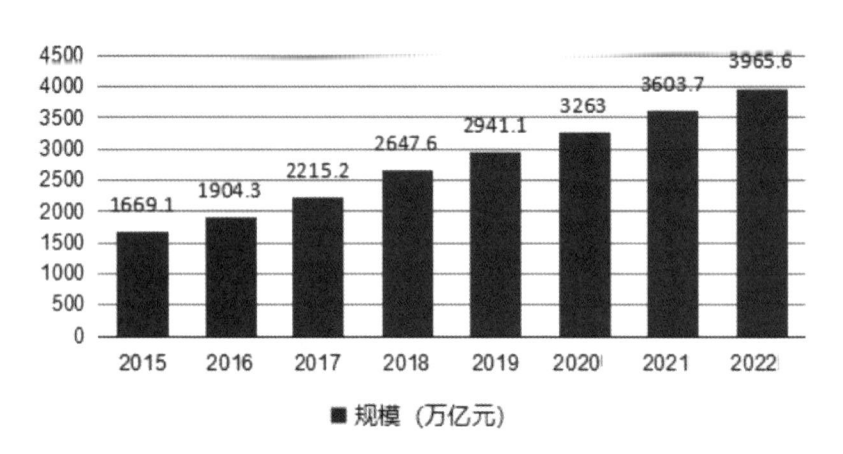

图 5-2　2015—2022 年中国运动服饰行业规模

比增长 9.73%。[1] 欧睿数据显示，运动优品行业中的运动服饰制造业 2022 年零售额为 3627 亿元，同比增长 2.2%（图 5-1、图 5-2）。[2]

2. 相关产业政策

2019 年 7 月卫健委发布《健康中国行动（2019—2030 年）》，主要内容：到 2022 年和 2030 年，经常参加体育锻炼（每周参加体育锻炼频度 3 次及以上，每次体育锻炼持续时间 30 分钟及以上，每次体育锻炼的运动强度达到中等及以上）人数比例达到 37% 及以上和 40% 及以上；学校体育场地设施开放率超过 70% 和 90%；人均体育场地面积分别达到 1.9 平方米及以上和 2.3 平方米及以上；城市慢跑步行道绿道的人均长度持续提升；每千人拥有社会体育指导员不少于 1.9 名和 2.3 名；农村行政村体育设施覆盖率基本实现全覆盖和覆盖率 100%。[3]

2021 年 7 月国务院发布《全民健身计划（2021—2025）》，主要内容：到 2025 年，全民健身公共服务体系更加完善，人民群众体育健身更加便利，健身热情进一步提高，各运动项目参与人数持续提升，经常参加体育锻炼人数比例达到 38.5%，县、乡镇、行政村三级公

---

[1] 中国体育报.数说中国体育用品业——市场活力增强呈现良好态势 [EB/OL].（2024-05-23）[2024-06-22].https://www.sport.gov.cn/n20001280/n20067608/n20067635/c27756654/content.html.
[2] 中国报告大厅.2024 年运动服行业现状分析：国内运动服市场零售额为 3627 亿元 [EB/OL].(2024-02-27)[2024-06-22].https://m.chinabgao.com/info/1248858.html.
[3] 卫健委.健康中国行动（2019—2030 年）[EB/OL].（2019-07-15）[2024-06-22]. https://www.gov.cn/xinwen/2019-07/15/content_5409694.htm.

共健身设施和社区 15 分钟健身圈实现全覆盖，每千人拥有社会体育指导员 2.16 名，带动全国体育产业总规模达到 5 万亿元。[1]

2021 年 10 月体育总局发布《"十四五"体育发展规划》，主要内容：人均体育场地面积达到 2.6 平方米，经常参加体育锻炼人数比例达到 38.5%，每千人拥有社会体育指导员 2.16 名。体育产业总规模达到 5 万亿元，增加值占国内生产总值比重达到 2%，居民体育消费总规模超过 2.8 万亿元，从业人员超过 800 万。[2]

2021 年 8 月 13 日上海市人民政府办公厅关于印发《上海市体育发展"十四五"规划》提出，到 2025 年，本市体育产业高质量发展取得显著成绩，为增强上海城市竞争力、影响力和吸引力提供重要支撑。[3]

2022 年 8 月中共中央办公厅国务院办公厅发布《"十四五"文化发展规划》，主要内容为推动文化与旅游、体育、教育、信息、建筑、制造等融合发展，延伸产业链。[4]

2022 年 10 月国家体育总局等八部门共同印发了《户外运动产业发展规划（2022—2025 年）》提出，到 2025 年，户外运动产业高质量发展成效显著，基本形成供给与需求有效对接、产业与生态协调发展、产品与服务品牌彰显、业态与模式持续创新的发展格局。户外运动场地设施持续增加，普及程度大幅提升，参与人数不断增长，户外运动产业总规模超过 3 万亿元。[5]

3. 行业发展特征

（1）政策驱动行业蓬勃发展

近年来，上海市出台的多份体育产业政策文件涉及运动用品业内容，为引领上海运动优品业发展提供了良好的营商环境。政策文件主要涉及增强运动装备研发制造能力、推动运动用品制造业创新发展等，有力促进了运动用品制造业转型升级并不断迈向高质量发展。如 2021 年 8 月 13 日上海市人民政府办公厅关于印发《上海市体育发展"十四五"规划》提出，到 2025 年，本市体育产业高质量发展取得显著成绩，为增强上海城市竞争力、影响力和吸引

---

[1] 国务院.关于印发《全民健身计划（2021—2025）》的通知[EB/OL].（2021-08-03）[2024-06-22]. https://www.gov.cn/zhengce/content/2021-08/03/content_5629218.htm.

[2] 体育总局.关于印发《"十四五"体育发展规划》的通知[EB/OL].(2021-10-08)[2024-06-22]. https://www.gov.cn/zhengce/zhengceku/2021-10/26/content_5644891.htm.

[3] 上海市人民政府办公厅.关于印发《上海市体育发展"十四五"规划》[EB/OL].（2021-09-13）[2024-06-22]. https://www.shanghai.gov.cn/hfbf2021/20210913/9293b6c37cae415aa87ec159f517d79a.html.

[4] 新华社.中共中央办公厅.国务院办公厅发布《"十四五"文化发展规划》[EB/OL].（2022-08-16）[2024-06-22]. https://www.gov.cn/zhengce/2022-08/16/content_5705612.htm.

[5] 体育经济司.关于印发《户外运动产业发展规划(2022—2025年)》的通知[EB/OL].(2022-11-07) [2024-06-22].https://www.sport.gov.cn/n315/n20001395/c24894661/content.html.

力提供重要支撑。

（2）产业集聚促进发展效果明显

从上海体育产业的11个子业态构成的体育类企业CR10指数看，与运动优品业相关的两个业态中，运动用品及相关产品制造的企业CR10（CR10表示最大的十项之和所占的比例）指数为80.80%，运动用品及相关产品销售、出租与贸易代理的企业CR10指数为71.00%。运动用品业的

图5-3 迪卡侬（上海）体育用品有限公司

企业CR10指数仅次于体育传媒与信息服务的企业CR10指数，高于体育竞赛表演活动、体育健身休闲活动、体育教育与培训等体育类企业CR10指数。整体上看，运动用品及相关产品制造以及体育用品及相关产品销售、出租与贸易代理的CR10指数较高，体现出了上海运动优品业集聚水平较高的特点。高集聚水平有利于提升行业的整体竞争力，推动创新和科技进步，吸引更多的资本和人才，进一步推动体育用品行业的快速发展。

（3）总部经济效果明显

上海作为中国最大的经济中心之一，具有非常优越的地理位置和交通运输网络，使得企业在上海设立总部能够更好地辐射全国市场。

上海市政府也积极推动总部经济的发展，为企业提供了更加便捷和高效的服务和资源支持。根据《上海全球著名体育城市建设纲要》《关于加快本市体育产业创新发展的若干意见》等文件精神，上海将"打造辐射全球的体育资源配置中心""全球领先的体育科技创新中心"，吸引运动用品跨国公司地区总部、体育企业研发总部落户上海，并配套资金奖励、出入境便利等鼓励政策，形成体育用品业总部经济。在一系列利好政策的推动下，一批国内外有影响力的运动用品制造企业、贸易企业纷纷落沪，为上海打造运动用品业总部经济奠定了基础。例如，中国最大的运动服饰产品零售商及代理商之一的宝胜国际（控股）有限公司的运营总部位于上海市徐汇区，迪卡侬（上海）体育用品有限公司位于上海市浦东新区（图5-3）。

（4）消费驱动作用增强

实物型运动消费包括购买运动服装鞋帽、体育器材和书刊等，能够反映居民在运动用品消费方面的状况。《2022年上海市居民体育消费调查报告》显示，上海居民人均体育消费3435.6元，占当年人均可支配收入4.32%和人均消费支出比重7.46%，基本持平于2021年，领先全国大部分城市。从结构上看，2022年上海居民仍以实物型体育消费59.5%为主，服务型体育消费比重40.5%，较2021年有所降低，但较2020年仍有所增长。这在一定程度上反

映出上海运动用品消费市场较强劲的发展态势。在"以国内大循环为主体、国内国际双循环相互促进的新发展格局"的影响下，国内运动优品消费市场将迎来发展机遇期。[1]

二、重点企业调研分析

1. 上海运动用品行业重点企业列表

上海推动发展体育产业，是服从国家战略，落实创新、协调、绿色、开放、共享五大发展理念的重要举措，对上海增进民生福祉、塑造城市精神、推进经济转型以及建设健康城市等具有重要意义。整体上，上海体育用品业具有政策环境向好、集聚水平较高、总部经济作用显著、研发能力较强、体育用品消费显著发展等特点，并呈现出体育用品生产向定制化转型、体育用品销售向线上化转型、体育用品制造向智能化转型的发展趋势。因此也涌现出一批初具规模、管理规范，极具竞争力的龙头企业和名牌产品（表5-2）。

表5-2 上海运用优品品类代表性企业基本信息

企业名称	成立时间	注册资本	所属地区	企业性质
上海红双喜股份有限公司	1995-12-26	11200万元人民币	上海市金山区	股份有限公司（非上市、自然人投资或控股）
万年青（上海）运动器材有限公司	2005-05-31	1200万元人民币	上海市青浦区	有限责任公司（外国法人独资）
上海永久自行车有限公司	2007-12-20	1200万元人民币	上海市宝山区	有限责任公司（非自然人投资或控股的法人独资）
上海给端科技有限公司	2014-5-26	200万元人民币	上海市奉贤区	有限责任公司（自然人独资）
上海协翔体育用品有限公司	2005-03-24	200万元人民币	上海市金山区	有限责任公司（自然人投资或控股）
梵品（上海）运动用品有限公司	2016-08-12	600万元人民币	上海市嘉定区	有限责任公司（自然人投资或控股）
本间高尔夫（上海）有限公司	2010-03-30	10000万元人民币	上海市闵行区	有限责任公司（自然人投资或控股）
乔山健康科技（上海）有限公司	2000-11-17	3050万元美元	上海市嘉定区	有限责任公司（外国法人独资）
岱宇（上海）商贸有限公司	2010-07-28	300万美元	上海市杨浦区	有限责任公司（台港澳法人独资）
上海杰贾生计算机科技有限公司	2005-11-07	50万元人民币	上海市闵行区	有限责任公司（自然人投资或控股）

---

1 上海市体育局.《2022年上海市居民体育消费调查报告》出炉[EB/OL].（2023-07-12）[2024-06-22]. http://tyj.sh.gov.cn/gzdt2/20230712/157e96baaaca4bd9ba1559e8a0e1183a.html.

（续表）

企业名称	成立时间	注册资本	所属地区	企业性质
上海浩瀚体育用品有限公司	2000-05-18	200万元人民币	上海市长宁区	有限责任公司（自然人投资或控股）
圣巴（上海）文化传播有限公司	2013-07-22	1000万元人民币	上海市黄浦区	有限责任公司（自然人投资或控股）
上海嘉麟杰运动用品有限公司	2009-06-26	20000万元人民币	上海市静安区	有限责任公司（自然人独资）
创悦实业（上海）有限公司	2010-05-14	1008万元人民币	上海市嘉定区	有限责任公司（自然人投资或控股）
壕氏健身器材（上海）有限公司	2014-03-17	200万元人民币	上海市松江区	有限责任公司（自然人投资或控股）
上海回力鞋业有限公司	2000-04-30	1000万元人民币	上海市杨浦区	有限责任公司（非自然人投资或控股的法人独资）
玛伊娅服饰（上海）有限公司	2016-04-26	847.2112万元人民币	上海市虹口区	有限责任公司（台港澳与境内合资）
滔搏投资（上海）有限公司	2012-05-07	3000万美元	上海市徐汇区	有限责任公司（港澳台法人独资）
亚玛芬体育用品贸易（上海）有限公司	2007-09-03	250万美元	中国（上海）自由贸易试验区	有限责任公司（港澳台法人独资）

2. 重点企业发展概况

（1）上海回力鞋业有限公司

① 企业概况

上海回力鞋业有限公司（以下简称回力鞋业）创建于1927年，距今已有96年的历史。"回力"商标注册于1935年，1997年被认定为上海市著名商标；1999年被认定为中国驰名商标。回力鞋业专注于回力牌运动鞋及各类鞋产品的研发、制造和销售，产品畅销全国，并出口东南亚、中东、欧美等几十个国家和地区（表5-3、表5-4）。

表5-3 上海回力鞋业有限公司基本信息

上海回力鞋业有限公司			
注册时间	2000-4-30	注册资本	1000万元人民币
公司地址	上海市徐汇区漕宝路36号D座回力创新中心	联系电话	021-65356651
企业性质	有限责任公司（非自然人投资或控股的法人独资）	网址	http://www.warriorshoes.com
经营范围	鞋类的生产、加工、销售；纺织品、服装鞋帽、文体用品、橡胶制品、塑料制品和橡塑制品及原料、普通机械、皮革制品的销售及其咨询服务；会展服务；自营和代理各类商品和技术的进出口，但国家限定公司经营或禁止进出口的商品及技术除外。		

（数据来源：上海回力鞋业有限公司及国家企业信用信息公示系统网页）

② 行业地位及核心特征

回力是中国国内知名老字号鞋业品牌之一。该品牌在中国市场有一定的知名度和市场份额。在积极开发普及型、大众化运动休闲鞋系列产品的同时，还着力研发具有较高技术含量的冷粘专业体育用鞋、户外健身运动鞋，努力为提高我国竞技体育及全民健身运动作贡献；还以品牌运作、技术管理的方式拓展了各种轻便注塑休闲鞋、雨鞋、凉鞋等系列产品。

回力鞋业立足"以人为本、崇尚运动、促进健康"的产品开发理念，以技术创新为核心，回力品牌注重质量及健康环保，选材严格，做工精良。公司不断加强创新研发，提高产品品质，获得了市场的认可和青睐。

表 5-4　上海回力鞋业有限公司主要产品图

女鞋系列
男鞋系列

（2）滔搏投资（上海）有限公司

① 企业概况

滔搏运动（Top Sports 注册为滔搏投资［上海］有限公司），是指百丽国际的运动业务线，在全国有九个分公司，本部设在上海。滔搏运动在中国经营着以消费者为核心的全域、跨场景运动零售运营商，旨在携手品牌合作伙伴以及运动行业的参与者，辅以科技的力量，为消费者提供一流的商品和服务，创造永无止境的、积极健康快乐的运动生活体验（表5-5）。除单一品牌门店外，主要通过Topsports和Foss等自有品牌经营多品牌门店。同时，滔搏运动还经营运动城，在单一地点汇集了各类品牌及运营商的运动鞋服门店。

表5-5 滔搏投资（上海）有限公司基本信息

滔搏投资（上海）有限公司			
注册时间	2012-5-7	注册资本	3000万美元
公司地址	上海市徐汇区柳州路928号17楼1701室	联系方式	021-60408817
企业性质	有限责任公司（港澳台法人独资）	网址	https://www.topsports.com.cn
经营范围	一般项目：（一）在国家鼓励和允许外商投资的领域依法进行投资；（二）受其所投资企业的书面委托（经董事会一致通过），向其所投资企业提供下列服务：1.协助或代理其所投资的企业从国内外采购该企业自用的机器设备、办公设备和生产所需的原材料、元器件、零部件和在国内外销售其所投资企业生产的产品，并提供售后服务；2.在外汇管理部门的同意和监督下，在其所投资企业之间平衡外汇；3.为其所投资企业提供产品生产、销售和市场开发过程中的技术支持、员工培训、企业内部人事管理等服务；4.协助其所投资企业寻求贷款及提供担保；（三）中国境内设立科研开发中心或部门，从事新产品及高新技术的研究开发，转让其研究开发成果，并提供相应的技术服务；（四）为其投资者提供咨询服务，为其关联公司提供与其投资有关的市场信息、投资政策等咨询服务；（五）承接其母公司、关联公司和境外公司的服务外包业务；（六）委托境内其他企业生产、加工其产品并在国内外销售；（七）从事首饰饰品、文化用品、工艺品、健身器材、玩具、钟表、预包装食品、服装鞋帽、箱包、体育用品、家具、皮革制品、纺织品、化妆品、办公用品、日用百货、电子产品、五金交电、建筑材料、装修材料、机械设备、家用电器的批发、进出口、佣金代理（拍卖除外），及相关配套业务（不涉及国营贸易管理商品，涉及配额、许可证管理商品的，按国家有关规定办理申请），票务代理，广告设计、制作、代理、发布。（除依法须经批准的项目外，凭营业执照依法自主开展经营活动）许可项目：货物进出口。（依法须经批准的项目，经相关部门批准后方可开展经营活动，具体经营项目以相关部门批准文件或许可证件为准）。		

（数据来源：滔搏投资［上海］有限公司及国家企业信用信息公示系统网页）

② 行业地位及核心特征

滔搏运动通过行业领先的具有规模且深入下沉的全国性运动鞋服直营门店网络，实现业务覆盖全国300多个城市的6000余家直营门店，为消费者提供全域、跨场景的优质运动生活体验。同时，滔搏运动通过与下游零售商合作，扩大公司的业务范围。与十余个领先运动鞋服品牌合作伙伴建立了战略合作关系，为他们提供进入中国市场的途径和消费者洞见参考。

近年来，滔搏运动通过科技的力量进一步提升运营与业务的精准及高效程度，扩大了消费者范围的参与程度，赋能管理、赋能员工，提升公司的运营水平，同时将与消费者的互动与服务提供从传统线下延展至线上，为中国运动爱好者带来更为出色的产品与消费体验（表5-6）。

表 5-6　滔搏投资（上海）有限公司主要产品图

男士运动系列	
女士运动系列	

（3）上海永久自行车有限公司

① 企业概况

1940年，作为中国的自行车整车制造厂家之一——永久前身昌和诞生了，商标图案几经多次变换，但"永久"两个字沿用至今。二十一世纪伊始，中路集团入主永久，翻开历史新篇章。公司产业上突破了单一的格局，形成了以成人自行车、青少年自行车、儿童自行车、儿童系列产品、两轮电动自行车、三轮电动车、两轮电动摩托车为核心的产品群，全品类产品累计近5000种（表5-7）。

表5-7 上海永久自行车有限公司基本信息

上海永久自行车有限公司			
注册时间	2007-12-20	注册资本	1200万元人民币
公司地址	上海市宝山区真大路560号12幢1层01室	联系方式	021-61181898
企业类型	有限责任公司（非自然人投资或控股的法人独资）	网址	www.cnforever.com
经营范围	许可项目：第三类医疗器械经营。（依法须经批准的项目，经相关部门批准后方可开展经营活动，具体经营项目以相关部门批准文件或许可证件为准） 一般项目：自行车（电动自行车按本市产品目录经营）、童车、残疾人轮椅车（机动轮椅车按本市产品目录经营）、自行车制造（仅限组装）、整车及零配件的销售；自行车、助力自行车的租赁；儿童用品、文化体育用品、家居用品、摩托车、健身器材、服饰、日用百货、第一类医疗器械、第二类医疗器械的销售；公共自行车设备及系统的组装、销售、安装、维护；公共自行车信息咨询服务；软件开发及销售；玩具销售。（除依法须经批准的项目外，凭营业执照依法自主开展经营活动）。		

（数据来源：上海永久自行车有限公司及国家企业信用信息公示系统网页）

表5-8 上海永久自行车有限公司主要产品图

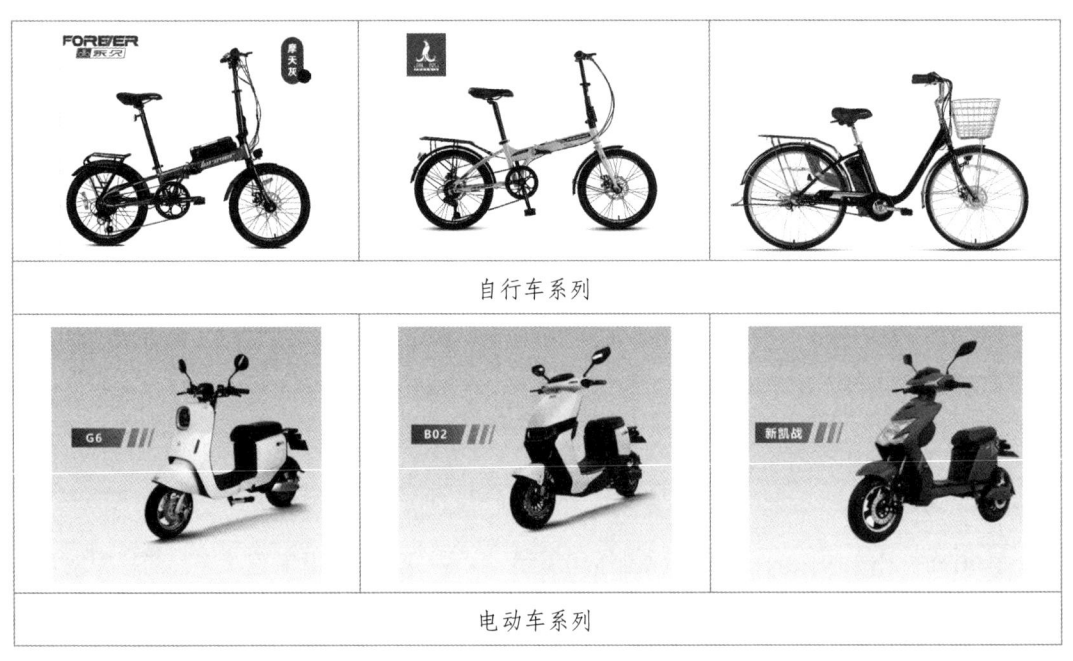

自行车系列
电动车系列

② 行业地位及核心特征

"永久牌"自行车具有400万辆/年的生产能力，拥有七大系列五大类别300多个品种，在中国国内年销量名列全国第一。目前上海永久自行车有限公司已经形成以上海为中心、六家核心生产企业和众多上下游生产企业组成的完整产业链格局。中国最大规模的两轮车生产基地和康体产品生产基地——上海永久车业分公司和中路实业有限公司（表5-8）。

永久，作为民族品牌、中华老字号，始终坚持传承与创新相辉映的理念，打造具有时代感、使命感的国民车。永久始终坚持"传承与创新相辉映"的企业理念，秉持铸就经典品质，打造国货精品的企业使命，不断强化"创新"理念，在5G时代用前卫的意识，融入大数据、物联网技术，推动线上线下新零售模式的互动发展。成熟的制造工艺保证了产品供给的稳定性，不同的性价比的产品可以充分满足各类购买能力和消费偏好的市场需求。

三、产业集聚新发展

1. 产业集聚特色

上海市的运动优品产业主要聚集于杨浦区以及嘉定区，共有四个产业园，分别是上海体育国家大学科技园、上海体育学院科技园五环园区、市京体育产业园、奥奔体育文化产业园（表5-9）。其中杨浦区拥有的体育运动产业园区数量最多，且产业集聚区的规模大、占地面积广，有超过六百多家的企业。

表5-9 上海服饰尚品行业产业集聚园区

所属行政区	序号	园区名称
杨浦区	1	市京体育产业园
	2	上海体育国家大学科技园
	3	上海体育学院科技园五环园区
嘉定区	4	奥奔体育文化产业园

2. 典型产业园区

（1）上海体育国家大学科技园

上海体育国家大学科技园依托上海体育学院的学科优势，于2009年11月正式挂牌成立，2013年1月被科技部、教育部批准为"国家级大学科技园"。科技园是中国体育领域唯一的国家级大学科技园，也是国家体育总局命名的首个"体育科技示范园"，同时被列为上海市体育示范项目，隶属张江高新杨浦园区。科技园肩负着体育科技成果转化、体育创新人才培养、体育企业孵化、体育创新资源集成、开放协同发展等使命。

园区集聚了700多家体育企业，孵化了众多优秀的体育品牌，拥有丰富的体育业态，是国内最大的体育产业聚集地之一，国内最著名的体育产业孵化器之一。园区构建了完善的产业生态，是中国体育产业信息汇集和传递中心，是中国体育产业产学研资源集成和配置平台。

（2）市京体育产业园

市京体育产业园（祥铭城市运动中心）位于民京路781号，总建筑面积约为9000平方米，总占地约20000平方米，前身是市京工业园，由工业老厂房建筑改建而成，已成为集运动、休闲和趣味性于一体的体育文化休闲中心。市京体育产业园自2019年起启动改建以来，已经完成三期改造工程，先后完成了篮球馆、羽毛球馆、游泳馆、武术馆、击剑、平衡车及室内高尔夫球馆、网球馆、乒乓球馆、体育舞蹈空间等体育场馆建设，现都已对外开放。整个园区的体育项目多达十几项，可以满足各个年龄段的运动需求。目前，园区已先后挂牌成立了杨浦区篮球协会，上海市杨浦区青少年业余体育学校训练基地以及上海体育学院–体育教育训练学院实践教学基地。

第六章 生活佳品行业发展概况
OVERVIEW OF THE DEVELOPMENT OF THE QUALITY OF LIFE INDUSTRY

一、行业总体分析

1. 行业现状分析

生活佳品是主要围绕提高消费者生活水平为核心，贴近"亲子、银发、她经济、社交、宠物"等内容的高品质生活消费品。在日常生活中，生活佳品主要包含服装、健康食品、个人护理、家居家具、母婴亲子、宠物用品等类目，其中服装、健康食品、个人护理、智能家居部分内容分别在"时尚八品"中的"服饰尚品""化妆美品""精致食品""智能用品"中有详细阐述，故本章将不再赘述。本报告的生活佳品类目主要涵盖家居家具制造业、母婴用品行业、宠物用品行业三大领域（表6-1），旨在推动生活佳品高品质发展，并满足消费者高品质生活化需求。

表6-1 生活佳品涉及的行业领域范围

行业大类	细分类别
家居家具制造	家用纺织品、织成品
	日常家具
	厨房用具
	家用电器设备
	家用灯具
	家用洁具品类

(续表)

行业大类	细分类别
母婴用品	婴童服饰用品
	婴童日用品
	婴童尿裤用品
	婴童食品用品
	孕产用品
	婴童寝具用品
	婴童洗护用品
宠物用品	宠物食品
	宠物用品
	宠物医疗
	宠物服务

纳入统计范围规模以上的生活佳品企业，主要是围绕家具制造业展开。据上海市统计局数据显示（表6-2、表6-3、表6-4），2023年家具制造业完成工业总产值284.04亿元，与2022年同期相比下降了2.6%。2023年完成主营业务收入345.66亿元，同比增长2.3%；实现利润33.15亿元，同比下降20.5%。

2023年上海生活佳品的工业总产值和利润总额总体处于下降趋势，但其营业收入相较于2022有所增长。面临原材料成本上涨等多元化问题，生活佳品类目下的消费品需要不断创造有高科技含量、高创意水平的家居家具用品、婴幼儿用品、宠物用品等多类产品。

表6-2 工业总产值完成（单位：亿元）

行业名称	工业总产值		
	2023年	2022年	同期增长（%）
生活佳品-家具制造业	284.04	291.62	-2.6

（数据来源：上海市统计局[1]）

---

[1] 上海市统计局. 2023年12月规模以上工业总产值（按行业分）_规模以上工业总产值（按行业分）[EB/OL].（2024-01-28）[2024-06-22]. https://tjj.sh.gov.cn/ydsj32/20240118/587b23e44e4b43bc88744eacb385371a.html.

表6-3 营业收入（单位：亿元）

行业名称	营业收入		
	2023年	2022年	同期增长（%）
生活佳品-家具制造业	345.66	337.89	2.3

（数据来源：上海市统计局[1]）

表6-4 利润总额（单位：亿元）

行业名称	利润总和		
	2023年	2022年	同期增长（%）
生活佳品-家具制造业	33.15	41.70	-20.5

（数据来源：上海市统计局[2]）

2. 相关产业政策

2021年10月国务院办公厅转发国家发展改革委《关于推动生活性服务业补短板上水平提高人民生活品质的若干意见》，要求从九方面提高人民生活品质，其中主要包含加强服务标准品牌质量建设、推动服务数字化赋能、培育强大市场激活消费需求、完善支持政策及加强组织实施等内容[3]。

2022年12月上海市发布关于《上海市推动生活性服务业补短板上水平提高人民生活品质行动方案》，提出四方面行动和十条保障措施，主要包含多渠道增加品质生活服务新供给；创新打造智慧低碳生活服务新赛道；积极构建全龄友好生活新生态；十条保障措施，主要涵盖深化改革、数据开放、标准品牌建设、综合监管等方面[4]。

---

1 上海市统计局.2023年12月规模以上工业主要经济效益指标（按行业分）_规模以上工业主要经济效益指标（按行业分）[EB/OL].（2024-01-28）[2024-06-22]. https://tjj.sh.gov.cn/ydsj333/20240126/15aebd49ce184f59ae9a6029994bda27.html.

2 上海市统计局.2023年12月规模以上工业主要经济效益指标（按行业分）_规模以上工业主要经济效益指标（按行业分）[EB/OL].（2024-01-28）[2024-06-22]. https://tjj.sh.gov.cn/ydsj333/20240126/15aebd49ce184f59ae9a6029994bda27.html.

3 政研室.持续加强和完善生活性服务业发展的顶层设计——《关于推动生活性服务业补短板上水平提高人民生活品质的若干意见》解读[EB/OL].（2021-11-05）[2024-06-22]. https://www.ndrc.gov.cn/fggz/fgzy/xmtjd/202111/t20211105_1303343_ext.html.

4 上海市人民政府网.关于《上海市推动生活性服务业补短板上水平提高人民生活品质行动方案》的政策解读[EB/OL].（2023-01-07）[2024-06-22]. https://www.shanghai.gov.cn/202301zcjd/20230107/314feb0174b74c4883605dc695163ec5.html.

2022年4月，国务院发布《关于进一步释放消费潜力促进消费持续恢复的意见》，指出全面创新提质，着力稳住消费基本盘。积极推进实物消费提质升级，加力促进健康养老托育等服务消费，持续拓展文化和旅游消费，大力发展绿色消费[1]。

2022年6月，工业和信息化部、人力资源和社会保障部等发布《关于推动轻工业高质量发展的指导意见》提出要深入实施数字化助力消费品工业"三品"行动，构建具有更强创新力、更高附加值、更加可持续发展的现代轻工产业体系，实现我国轻工业由大到强的跨越[2]。

2022年12月，国务院《扩大内需战略规划纲要（2022—2035年）》中明确提出"十四五"时期实施扩大内需战略的主要目标是：促进消费投资，内需规模实现新突破；完善分配格局，内需潜能不断释放；提升供给质量，完善生活品质产品。提出八方面重点任务，包括全面促进消费，加快消费提质升级；提高供给质量，带动需求更好实现；健全现代市场和流通体系，促进产需有机衔接；提升安全保障能力，夯实内需发展基础[3]。

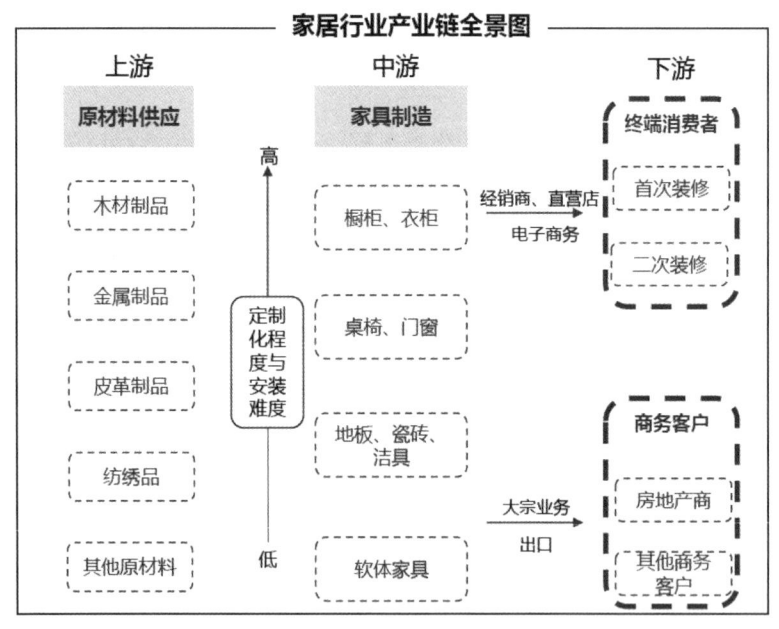

图 6-1 家居行业产业链全景图
（图片来源：2023家居产业互联网发展研究报告）[4]

---

1 新华社.国务院办公厅印发《关于进一步释放消费潜力促进消费持续恢复的意见》[EB/OL].（2022-04-25）[2024-06-22]. https://www.gov.cn/xinwen/2022-04/25/content_5687091.htm.

2 人民政协网.五部门联合发布《关于推动轻工业高质量发展的指导意见》[EB/OL].（2022-06-17）[2024-06-22]. http://www.rmzxb.com.cn/c/2022-06-17/3140761.shtml.

3 新华社.中共中央、国务院印发《扩大内需战略规划纲要（2022—2035年）》[EB/OL].（2022-12-15）[2024-06-22]. https://www.ndrc.gov.cn/xxgk/jd/jd/202212/t20221215_1343565_ext.html.

4 物联仓数字研究院.家居产业互联网行业研究报告[EB/OL].(2023-03)[2024-06-22]. https://www.50yc.com/information/hangye-wuliu/18776.

3. 行业发展特征

近年来，随着国民可支配收入的持续提升，消费者消费观念逐渐由"性价比"向"质价比"转变。随着消费结构优化升级，上海围绕生活佳品类目，以建设上海国际化生活都市为目标，整体行业表现出品质化、高端化、个性化等需求特征。根据上文所述，生活佳品类目主要涵盖家居家具制造业、母婴用品行业、宠物用品行业三大领域，分析其具体展现特征主要为以下几个方面。

（1）家居行业呈现"大行业小企业"格局

家居行业市场规模广阔，可以分为家纺、家具、厨电、家电、灯具、洁具等多品类（图6-1）。从现有数据来看，上海家居行业市场规模有望超过万亿，但定制家居CR5仅占12.8%；家具CR5为6.3%；装饰公司CR50仅为1.2%；细分赛道头部企业市场占有率较低，市场集中度极低。[1] 为实现企业转型，上海目前大多企业已运用技术升级、数字化运营提升经营效率。

（2）母婴行业运用"她力量"重新定义市场

上海建立时尚消费文化环境，形成属于上海文化的消费者画像。目前母婴行业消费者主要为新手妈妈，95后成为主力军，其大多拥有良好教育，具备高话语权；孕育消费观表现为精致悦己、科学安心、崇尚科技、专业高效，如从内在健康到外在形象，为悦己消费；对新技术、新设计、新产品充满期待（图6-2）。因此母婴行业正运用此消费者心理，创造符合"她经济"的母婴产品。

图 6-2 母婴宣传图

---

[1] 物联仓数字研究院. 家居产业互联网行业研究报告 [EB/OL].(2023-03)[2024-06-22].https://www.50yc.com/information/hangye-wuliu/18776.

（3）宠物行业品类加速分化，细分赛道队伍愈发壮大

上海以生活高品质发展为核心，着力发展宠物消费品相关市场。从业态划分，宠物消费品涵盖范围从宠物食品到宠物玩具、宠物穿戴以及宠物休闲食品，目前市场规模在2000多亿元[1]。根据上海宠物消费品特征，宠物行业主要细分为四大赛道，即宠物食品、宠物用品、宠物医疗、宠物服务。其中宠物医疗方面，目前上海的宠物诊所从城区到郊区约有600多家，兽医近40万名，全市宠物数量有200多万只，其中包括100万只宠物狗、120万只宠物猫。除此以外，行业更多元化从宠物绿色食品，宠物智能家居、宠物定制化饲养等多方面切入，细分赛道逐渐扩大。

图 6-3 宠物智能产品广告图

二、重点企业调研分析

1. 上海生活佳品行业重点企业列表

上海是高品质生活的核心体验地区。近年来上海生活佳品逐渐围绕特色化、个性化、品质化发展，在龙头企业和独角兽企业的联动下，形成较为完善的生活佳品类企业规模集群（表6-5）。

家具家居行业的上海水星家用纺织品股份有限公司、上海宜家家居有限公司、上海全筑装饰有限公司，是本市最具有行业影响力的几家家居制造业公司。

母婴行业的上海爱婴室商务服务股份有限公司，立足于上海现已成为国内巨大的母婴产品销售及提供母婴服务的机构之一。除此外，玩具反斗城（中国）商贸有限公司是上海最具代表性的母婴玩具用品企业。

---

1 澎湃新闻.上海有两百多万只宠物，这场嘉年华将选出优秀的宠物消费品[EB/OL]．（2022-11-30）[2024-06-22]. https://baijiahao.baidu.com/s?id=1750884987622767129&wfr=spider&for=pc

宠物行业的皇誉宠物食品（上海）有限公司、上海宠幸宠物用品有限公司等是中国高端宠物食品市场的知名品牌，也是本市宠物用品行业的龙头企业。

表 6-5　上海生活行业重点企业

企业名称	成立时间	注册资本	所属地区	企业性质
上海水星家用纺织品股份有限公司	2000-12-07	26667万元人民币	上海市奉贤区	其他股份有限公司（上市）
立邦涂料（中国）有限公司	1992-12-13	1900万美元	上海市浦东新区	有限责任公司（外商合资）
上海苏宁易购销售有限公司	2002-04-05	58281.756万元人民币	上海市虹口区	有限责任公司（自然人投资或控股的法人独资）
上海宜家家居有限公司	2001-08-25	7000万元人民币	上海市徐汇区	有限责任公司（外国法人独资）
上海全筑控股集团股份有限公司	1998-10-14	53811.6633万元人民币	上海市青浦区	股份有限公司（上市、自然人投资或控股）
上海百安居装饰工程有限公司	1999-01-25	11826万元人民币	上海市宝山区	有限责任公司（非自然人投资或控股的法人独资）
欧普照明股份有限公司	2008-10-21	75421.0692万元人民币	上海市浦东新区	其他股份有限公司（上市）
百安居（中国）家居有限公司	2002-12-23	75813.875万元人民币	上海市浦东新区	有限责任公司（非自然人投资或控股的法人独资）
国誉家具（中国）有限公司	2006-03-22	2366万美元	上海市奉贤区	有限责任公司（外国法人独资）
上海红星美凯龙环球家居设计博览有限公司	2008-01-09	5000万元人民币	上海市普陀区	有限责任公司（自然人投资或控股的法人独资）
上海虹欣欧凯家居有限公司	2007-01-19	10000万元人民币	上海市闵行区	有限责任公司（外商投资企业与内资合资）
三问家居股份有限公司	2013-12-10	7500万元人民币	上海市闵行区	其他股份有限公司（非上市）
汉斯格雅卫浴产品（上海）有限公司	1999-02-11	720万美元	上海市松江区	有限责任公司（外国法人独资）
上海月星家具制造有限公司	2003-06-20	6000万元人民币	上海市嘉定区	有限责任公司（自然人投资或控股）
啦普哆母婴用品（上海）有限公司	2016-12-02	5000万元人民币	上海市金山区	有限责任公司（自然人投资或控股）
哈启母婴用品（上海）有限公司	2016-09-14	5000万元人民币	上海市松江区	有限责任公司（自然人投资或控股）
上海坚钧母婴用品有限公司	2017-05-24	5000万元人民币	上海市金山区	有限责任公司（自然人独资）
上海贝拉蓓蕾母婴用品有限公司	2018-11-22	10500万元人民币	上海市奉贤区	有限责任公司（自然人投资或控股的法人独资）
馨月汇母婴专护服务（上海）有限公司	2007-08-28	8000万元人民币	上海市浦东新区	有限责任公司（中外合资）
贝亲母婴用品（上海）有限公司	2006-04-18	830万美元	上海市青浦区	有限责任公司（外国法人独资）
上海广生行母婴用品股份有限公司	2012-12-06	7246.8万元人民币	上海市闵行区	股份有限公司（中外合资、未上市）

（续表）

企业名称	成立时间	注册资本	所属地区	企业性质
立吉母婴用品（上海）有限公司	2019-10-29	5000万元人民币	上海市松江区	有限责任公司（自然人独资）
上海英伦宝贝儿童用品有限公司	2008-03-03	22750万元人民币	上海市闵行区	其他有限责任公司
可爱秀服饰（上海）有限公司	2010-04-01	1200万美元	上海市闵行区	有限责任公司（外商合资）
上海儿恋商贸有限公司	2007-05-30	1000万美元	上海市黄浦区	有限责任公司（外国法人独资）
上海时尚妈咪健康科技集团有限公司	2021-01-25	5000万元人民币	上海市青浦区	有限责任公司（自然人投资或控股）
上海爱婴室商务服务股份有限公司	2005-08-22	14051.6936万元人民币	上海市浦东新区	股份有限公司（台港澳与境内合资、上市）
玩具反斗城（中国）商贸有限公司	2006-08-16	1986万美元	上海市闵行区	有限责任公司（港澳台法人独资）
上海亲蓓母婴用品有限公司	2008-02-05	5000万元人民币	上海市浦东新区	有限责任公司（外商投资企业法人独资）
上海哲雄母婴用品有限公司	2010-04-23	6000万元人民币	上海市闵行区	有限责任公司（自然人投资或控股的法人独资）
优艾贝（中国）集团有限公司	2011-08-05	58544.2989万元	上海市浦东新区	有限责任公司（中外合资）
全因爱（上海）有限公司	2011-01-12	7800万元人民币	上海市崇明区	有限责任公司（港澳台投资、非独资）
多美玩具贸易（上海）有限公司	2004-09-06	1000万美元	上海市浦东新区	有限责任公司（外国法人独资）
泰迪熊品牌管理有限公司	2017-05-18	5000万元人民币	上海市奉贤区	有限责任公司（中外合资）
上海三只小羊儿童用品有限公司	2017-05-27	5000万元人民币	上海市嘉定区	有限责任公司（自然人投资或控股的法人独资）
麦若思妇幼用品（上海）有限公司	2018-07-10	800万美元	上海市宝山区	有限责任公司（港澳台法人独资）
一宠（上海）健康科技有限公司	2020-08-24	15000万元人民币	上海市杨浦区	有限责任公司（自然人投资或控股）
上海宠幸宠物用品有限公司	2004-08-30	80000万元人民币	上海市青浦区	有限责任公司（港澳台法人独资）
皇誉宠物食品（上海）有限公司	2006-12-28	2400万美元	上海市奉贤区	有限责任公司（外国法人独资）
上海安安宠物有限公司	2015-06-03	9789.5537万元人民币	上海市闵行区	有限责任公司（港澳台法人独资）
上海宝樽宠物用品有限公司	2007-01-10	5000万元人民币	上海市黄浦区	有限责任公司（自然人投资或控股）
上海福贝宠物用品股份有限公司	2005-04-28	36180万元人民币	上海市松江区	股份有限公司（非上市、自然人投资或控股）
上海比瑞吉宠物用品股份有限公司	2002-05-28	9807.2105万元人民币	上海市金山区	股份有限公司（台港澳与境内合资、未上市）
瑞辰（上海）宠物服务连锁有限公司	2021-08-30	5000万元人民币	上海市普陀区	有限责任公司（非自然人投资或控股的法人独资）
上海福智宠物食品有限公司	2020-03-17	11000万元人民币	上海市金山区	有限责任公司（自然人投资或控股的法人独资）

2. 重点企业发展概况

（1）欧普照明股份有限公司

① 企业概况

欧普照明股份有限公司（以下简称欧普照明）是一家集研发、生产、销售、服务于一体的综合型照明企业（表6-6）。以"打造全球化照明企业"为企业宏伟愿景，其产品已涵盖家居照明、工程照明及电工产品等领域。2017年，欧普照明入围世界品牌实验室组织评选的"中国500最具价值品牌"榜单；2019年，欧普照明成为北京世园会植物馆战略合作伙伴，2020年迪拜世博会中国馆官方合作伙伴及指定照明解决方案提供商。欧普照明坚持"超越所见"的品牌理念，以"用光创造价值"为企业使命，以人为本，坚持创新，目前已成为中国家居照明企业的高端引领者。

表6-6 欧普照明股份有限公司基本信息

\multicolumn{4}{c}{欧普照明股份有限公司}			
成立时间	2008-10-21	注册资本	75421.0692万元人民币
公司地址	上海市浦东新区龙东大道6111号1幢411室	联系方式	021-38550000-6720
企业类型	其他股份有限公司（上市）	公司网址	www.opple.com.cn
经营范围	照明器具制造；照明器具销售；建筑装饰材料销售；卫生洁具销售；家具销售；智能家庭消费设备销售；电子产品销售；家用电器销售；家用电器安装服务；工业设计服务；信息技术咨询服务；认证咨询。（除依法须经批准的项目外，凭营业执照依法自主开展经营活动）		

（资料来源：欧普照明股份有限公司及国家企业信用信息公示系统网页）

② 行业地位及核心特征

欧普照明作为全国领先的照明行业标杆龙头企业，其产品线涵盖了LED灯具、LED光源、LED显示屏等多个领域，是国内LED照明行业的领军品牌。根据CSA《2022年中国半导体照明产业发展蓝皮书》的数据显示，LED通用照明市场的产值规模约为2740亿元，应用前景广阔，欧普照明目前市场占有率3%～5%，位于照明行业第一[1]。截至2022年底，欧普照明已授权专利超过3800件[2]，专利数量位居行业前列。其专利构成包括发明专利、实用新型专

---

1 大照明. 欧普照明最新回应：公司目前市占率为3%~5% [EB/OL].（2023-03-24）[2024-06-22]. http://dazhaoming.com/index.php?article_id=1191&s=%2Fcms%2Farticleclassinfo.
2 品玩. 如何用智能家居重塑生活？欧普照明新一代变频风扇灯给出答案 [EB/OL].（2023-06-30）[2024-06-22]. https://www.pingwest.com/w/284638.

利和外观设计专利,其中发明专利超过200件,实用新型专利超过1800件,外观设计专利超过1700件,另外在审发明专利超过700件,各类型专利均处于行业前列。

欧普照明以其高品质、高性价比的产品,以及不断满足用户对于绿色、健康、舒适、安全的光环境需求,为更多用户创造更高的"光"价值的企业理念,赢得了消费者的认可和喜爱。

在家用照明领域,欧普照明坚持以高品质好光与智慧便捷的控制为核心,深度结合潮流家居装饰美学,打造了多个风格的照明产品。在智能照明领域,欧普照明注重照明产品的操作便利性,其打造的叠影系列LED吸顶灯,可实现WiFi智能调光调色,明暗度五极调节。

在绿色可持续方面,2022年欧普照明积极响应国家"碳达峰""碳中和"及智慧城市建设相关政策,重点投入智慧路灯产品与解决方案,依托自身雄厚的光、机、电、控、软件技术实力,开发出行业领先的智慧路灯系统解决方案。同时,打造的智慧物联网综合管理系统,以其扩展性、稳定性和便捷性,持续保障市政设施运行安全。

截至2022年底,公司在全国上百个城市落地智慧路灯和智慧多功能杆项目,重点项目节电率超过55%。在海外业务板块,欧普照明坚持全球化自主品牌发展战略,不断扩大营销版图,实现了营利双增的良性发展。

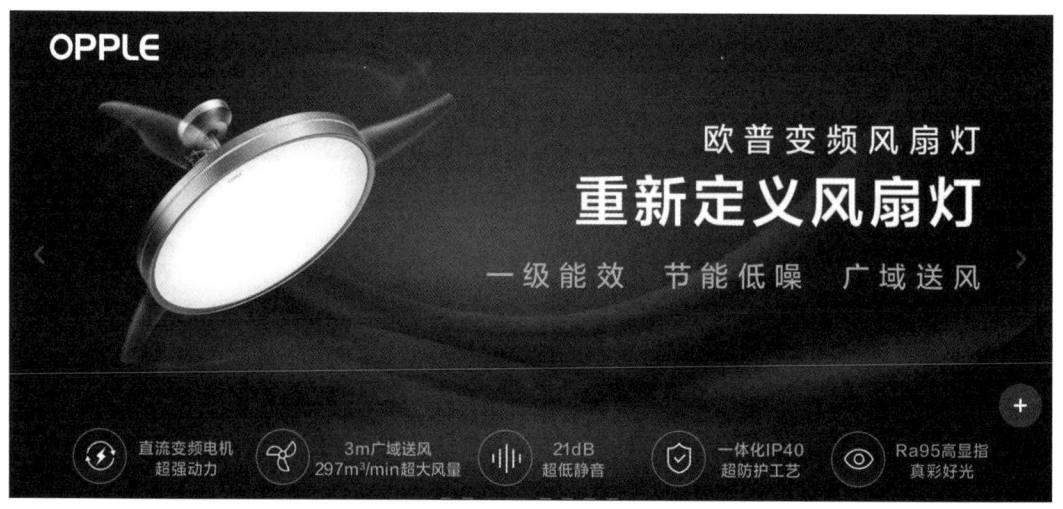

图6-4 欧普照明产品宣传图

(2)上海爱婴室商务服务股份有限公司

① 企业概况

爱婴室创立于1997年,总部位于上海市,公司全称为上海爱婴室商务服务股份有限公司。爱婴室是一家经营母婴商品与母婴服务的专业连锁企业,为孕前及0—6岁婴幼儿家庭提供全品类母婴商品及服务。公司以母婴产品、服务以及消费者体验为核心,坚持"渠道+品牌+

多产业"三大发展战略,通过"会员营销+全渠道布局",聚焦母婴市场以提供高品质、高性价比的商品及服务为基础,着力于建成全国领先、国际先进的母婴品牌。公司主要商品涵盖婴幼儿奶粉、零辅食、纸尿裤、用品、棉纺品、玩具出行等,同时提供托育早教、婴幼儿抚触、育儿咨询、亲子娱乐、孕婴童博览会等增值服务(表6-8)。

表6-8 上海爱婴室商务服务股份有限公司基本信息

上海爱婴室商务服务股份有限公司			
成立时间	2005-08-22	注册资本	14051.6936万元人民币
公司地址	中国(上海)自由贸易试验区浦东大道2123号3E-1157室	联系方式	021-68470177
企业类型	股份有限公司(台港澳与境内合资、上市)	网址	www.aiyingshi.com
经营范围	许可项目:第二类增值业务;互联网信息服务;食品经营;婴幼儿奶制品、纸尿裤、喂哺用品、玩具、婴童服饰、洗护用品、孕产妇用品等几十大类。		

(资料来源:上海爱婴室商务服务股份有限公司及国家企业信用信息公示系统网页)

② 行业地位及核心特征

上海爱婴室商务服务股份有限公司是母婴产品销售及提供母婴服务的机构之一,现已成为国内巨大的母婴产品销售及提供母婴服务的机构之一。截至2022年,爱婴室已开设直营门店超500家,其门店主要集中在上海、江苏、浙江等省市,以母婴商品的销售及相关服务为主营业务,以会员营销为核心,为孕前至6岁婴幼儿家庭提供优质母婴用品和相关服务的专业连锁零售商。

爱婴室经营产品涵盖了婴幼儿奶制品、纸尿裤、喂哺用品、玩具、婴童服饰、洗护用品、孕产妇用品等几十大类,销售产品数量逾万种。在全国各地开设上百家直营店,并且拥有品牌自营APP和微信小程序,在天猫、京东、拼多多等主流电商平台设有官方旗舰店(图6-5)。

2022年,上海爱婴室商务服务股份有限公司荣获共青团上海市委员会"第六届上海共青团新媒体影响力奖"、中童传媒"2022年标杆门店奖"、第二届长三角"益媒体推荐奖"、上海市东方世纪消费品发展促进中心颁发的"2022满意度领先零售商(连锁母婴类)"。

爱婴室对商品的采购实行以总部统一集中采购为主和区域采购相结合的方式,对销售商品的配送实行以自建物流仓储中心配送为主和供应商直送相结合的方式,保证了公司经营成本优势和营运高效。公司在供应链管理上的优势,构成了上海爱婴室商务服务股份有限公司在一站式母婴商品连锁零售市场的独特竞争力。

图 6-5　上海爱婴室商务服务股份有限公司概念宣传图

（3）上海宠幸宠物用品有限公司

① 企业概况

上海宠幸宠物用品有限公司是一家宠物用品提供商，产品涵盖宠物食品、宠物营养品、宠物洗护用品、宠物清洁用品和宠物医药等领域，旗下拥有"宠幸""卫仕""唯派特""颖养"等自主品牌，同时为宠物提供健康成长的整体解决方案（表6-10）。宠幸宠物将持续以宠物健康快乐成长为己任，为中国宠物带来更健康的产品和营养解决方案。

表 6-10　上海宠幸宠物用品有限公司基本信息

上海宠幸宠物用品有限公司			
成立时间	2004-08-30	注册资本	80000万元人民币
公司地址	上海市青浦区徐泾镇双联路398号1幢301-007室	联系方式	021-57850876
企业类型	有限责任公司（港澳台法人独资）	网址	http://www.nourse.cn
经营范围	一般项目:宠物食品及用品批发；玩具销售；日用百货销售；互联网销售（除销售需要许可的商品）；技术服务、技术开发、技术咨询、技术交流、技术转让、技术推广；专业设计服务;；信息咨询服务（不含许可类信息咨询服务）；软件开发；货物进出口；技术进出口。（除依法须经批准的项目外，凭营业执照依法自主开展经营活动）许可项目：兽药经营；饲料生产。（依法须经批准的项目，经相关部门批准后方可开展经营活动，具体经营项目以相关部门批准文件或许可证件为准）。		

（资料来源：上海宠幸宠物用品有限公司及国家企业信用信息公示系统网页）

② 行业地位及核心特征

上海宠幸宠物用品有限公司作为宠物食品行业的先锋企业，专注于中国宠物事业，公司产品主要围绕宠物食品、用品的研发、设计、采购、生产、物流等展开。截至 2022 年，上海宠幸宠物用品有限公司共拥有知识产权信息 1477 条，包括商标信息 638 条，专利信息 76 条，著作权信息 9 条等，为宠物食品行业之最。

公司以宠物主情感需求为品牌营销出发点，持续强化品牌影响力，自建工厂、优化供应链，保证公司可持续发展。目前占地 200 亩的一期项目已投产运行，是国内行业内最大的宠物食品工厂之一（图 6-6）。

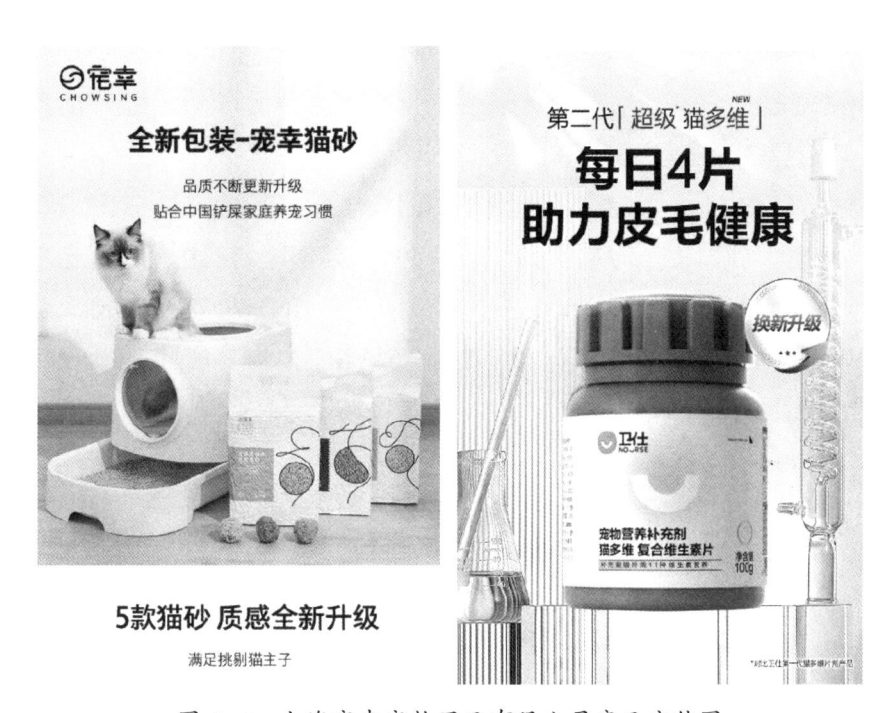

图 6-6　上海宠幸宠物用品有限公司产品宣传图

除此以外，公司打造科研竞争力，将前沿生命科学研究应用于宠物健康。2022 年公司建立了国内首个宠物营养研究院，汇聚了中国科学院、复旦大学、南开大学等国内顶尖研究机构的专家，包括 2 位院士、3 位国家级人才、10 余位本领域资深专家和 100 多位专职研究人员，发掘犬猫营养吸收和利用的科学机理。

目前公司在整合全渠道资源方面实现线上线下并驾齐驱，深层次触达消费者，包括与超 2000 家实体门店、展会联动、开发医院专用营养品等。

三、产业集聚新发展

1. 产业集聚特色

上海市的生活佳品品类产业聚集主要于上海郊区,包括青浦区、松江区、金山区、奉贤区在内的新型城市化地区,还有包括徐汇区在内的中心城区拓展区。小部分生活佳品品类园区位于上海市的都市发展区——浦东新区,以进口生活佳品为主。

其中松江区拥有的生活佳品制造产业园区数量最多,且产业聚集区的规模大、占地面积广,为产品生产制造提供支撑;徐汇区文化创意生活集聚中心较完善,提供给消费者良好的高品质生活体验。

2. 典型产业园区

（1）文定生活文化创意产业园

"文定生活"是由上海文定生活企业管理有限公司运营管理,位于徐汇区文定路258号,地处宜山国际建材商圈,是上海及周边城市居民购置高端家具、建材产品的上选之地。作为一个汇聚世界品牌的时尚家居旗舰中心,"文定生活"是上海一处集奢华家居及设计展示服务于一体的采购平台,形成了集艺术文化、创意设计和购物生活体验为一体的个性空间,是知名的文化创意产业园(图6-7)。

图 6-7 文定生活文化创意产业园

从 2008 年正式挂牌至今，"文定生活"作为国内一流的高端家居品牌旗舰店，已有七十多家国际、国内知名家居品牌以及知名设计公司入驻。同时也是上海国际室内设计节的主要分会场，体现了品牌展示、设计、服务为一体的理念，实现了家居行业的产业链一体化。

（2）吉盛伟邦国际家具村

吉盛伟邦国际家具村是吉盛伟邦集团凭借二十多年从事中高端家居经营的积累，并结合中国家具行业的优势，利用上海强大的国内外辐射能力，打造以"家"为主题，涵盖家具、家饰、灯饰等"全程体验一站式"全球家居采购直销中心。家具村首创"旗舰店＋主题馆"的销售模式，是世界家居品牌的市场总部基地和体验中心；集展览展示、采购直销、信息交流于一体，是中国家居走向世界的平台，也是世界著名家居品牌进入中国的窗口。其紧邻上海虹桥交通枢纽的核心商圈，是上海乃至全国首屈一指的家居行业中心（图 6-8）。

图 6-8 吉盛伟邦国际家具村

第七章　智能用品行业发展概况
OVERVIEW OF THE DEVELOPMENT OF INTELLIGENT PRODUCTS INDUSTRY

一、行业总体分析

1. 行业现状分析

智能用品是指应用人工智能、物联网、大数据等技术，具有一定的感知、计算、执行和学习能力，可以提升人们的生产、生活和娱乐方式的物品。智能用品行业覆盖了智能家居、智能出行、智能办公、智能助手、智能教育、智能金融、智能医疗等多个行业领域（表7-1）。随着技术的不断进步，人工智能产品的种类还会不断增加和丰富。无论是在家居、出行、办公还是金融领域，智能用品都将为我们的生活带来更多的便利和创新。根据上海市统计局2022年数据显示，智能装备和智能终端产品保持平稳增长，智能手机、工业机器人、集成电路圆片、笔记本计算机产量分别增长10.8%、7.1%、5.5%、2.1%。[1]

表7-1　智能用品涉及的行业领域范围

行业大类	细分类别
智能家居行业	智能家具
	智能家电
	智能家装
	智能家纺

---

[1] 上海市统计局.2022年我市工业生产运行情况[EB/OL].（2023-01-20）[2024-06-22]. https://tjj.sh.gov.cn/tjfx/20230116/ac7813303bac470b960dcae3eaaac2de.html.

（续表）

行业大类	细分类别
智能出行行业	共享出行
	多模态出行
	智能交通
	智能停车
	新能源汽车
	自动驾驶技术
智能办公行业	智能会议系统
	智能考勤系统
	协同办公

（1）智能家居行业现状分析

智能家居是以提升居家生活品质为目标，以各类创新科技为手段的居家管理方案集合。关于智能家居的外延，当前大多数研究的分类或过于庞杂，或囿于某个具体细分领域（大多从智能电器产品为基点进行品类切分）。为规避类似的庞杂与局限，胡润百富以家居整体概念作为切入口，将智能家居划分为以下四个大类。

① 智能家具：将组合智能、电子智能、机械智能、物联智能等技术融入家具产品当中的智能家居设备，通常包括智能沙发、智能橱柜、智能马桶等。

② 智能家电：把微处理器、传感器技术、网络通信技术等引入家电设备后形成的家电产品，通常可以自动感知住宅空间状态、家电自身状态、家电服务状态，能够自动控制及接收用户在住宅内外发出的指令。典型的智能家电包括智能音响、智能冰箱、智能洗衣机、智能投影仪、智能猫眼、智能门锁、智能电饭煲、扫地机器人等。

③ 智能家装：智能化的家庭装饰装修，比如能通过压敏传感器和摄像头跟踪技术来检测人体的姿势、运动和碰撞的智能地板。由于这些设备造价与维护较为昂贵，目前还没有大规模地应用，大多处于概念阶段，仅少数厂家已开始布局。

④ 智能家纺：把传感器、芯片等电子技术与家纺用品结合的智能化产品，如可以通过埋在内部的纤维传感器来实现对心率、体动、呼吸频率、睡眠质量和睡眠状态等各项指标进行检测的智能床垫、智能枕头。[1]

---

[1] 胡润百富. 2025中国高端智能家居生活场景白皮书[EB/OL].（2023-03-13）[2024-06-22]. https://m.sgpjbg.com/baogao/118167.html.

基于广阔的市场空间、新技术的快速迭代、新基建的政策红利以及新消费形势的需求，智能家居产业发展提速，国内各家巨头公司也纷纷涌入这个赛道。根据 IDC 及 CSHIA 的数据，2021 年中国智能家居设备市场出货量超过 2.2 亿台，同比增长 9.2%，规模达到 5800 亿元。2022—2026 年，中国智能家居设备市场出货量将以 21.4% 的复合增长率快速增长，到 2026 年市场出货量有望接近 5.4 亿台（如图 7-1 所示），规模将达到 8000 亿元，并有望在不久的将来突破万亿元。[1]

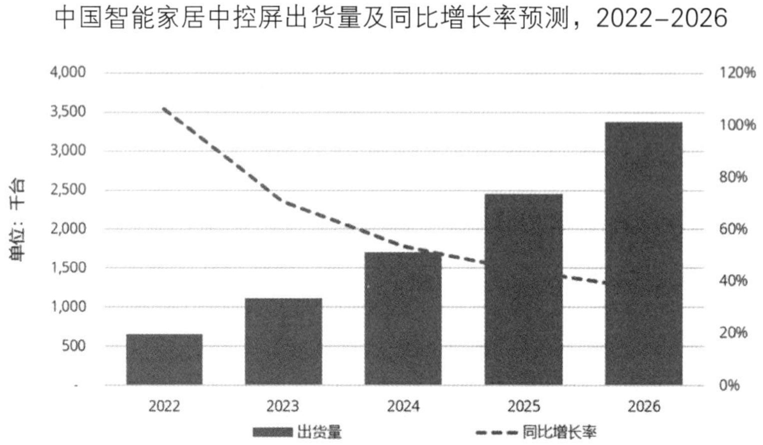

中国智能家居中控屏出货量及同比增长率预测，2022-2026

图 7-1　2022—2026 年中国智能家居设备市场出货量及同比增长率预测（资料来源：IDC 中国[2]）

（2）智能出行行业现状分析

智能出行是指在汽车、交通、旅游等领域中，通过智能化技术实现出行方式的优化和升级，从而提高出行的效率和舒适度。随着互联网、大数据、人工智能等技术的发展，智能出行正在成为新的出行方式，成为人们更加方便快捷的出行方式之一。智能出行的技术手段主要包括：互联网、物联网、大数据、人工智能、自动驾驶等。应用范围涉及城市的整个交通体系，包括公路、公交、地铁、出租车等交通出行形式。目前，智能出行主要运用于共享出行、多

---

[1] 智哪儿. 智能家居中控屏 2022 年出货超 65 万台。未来五年复合增长超 60% [EB/OL]. （2022-09-28）[2024-06-22]. https://baijiahao.baidu.com/s?id=1745205645719308494&wfr=spider&for=pc.

[2] 智哪儿. 智能家居中控屏 2022 年出货超 65 万台。未来五年复合增长超 60% [EB/OL]. （2022-09-28）[2024-06-22]. https://baijiahao.baidu.com/s?id=1745205645719308494&wfr=spider&for=pc.

模态出行、智能停车、自动驾驶这几个场景中。

智能出行行业市场规模巨大。根据市场调研在线网发布的《2023—2029年中国智慧出行行业市场竞争模式及发展前景预测报告》分析，中国智能出行行业的市场规模正在快速增长（图7-2），主要是由于智能出行技术的不断改进，以及政府的大力支持。随着智能手机的普及，以及政府积极推动的智能交通基础设施建设，中国对智能出行的需求正在不断增加。《2023—2028年中国智能交通行业市场专题研究及市场前景预测评估报告》预计2023年中国智能交通市场规模将突破4000亿元。[1] 根据上海统计局数据显示，2022年，上海市工业战略性新兴产业完成工业总产值17 406.86亿元，比上年增长5.8%，增速高于全市工业6.9个百分点，占全市工业的43.0%，占比较上年提高2.4个百分点，其中，智能出行行业中的新能源汽车增长56.9%。[2]

图7-2　2018—2023年中国智慧交通市场规模及增长情况
（资料来源：2023—2029年中国智慧出行行业市场竞争模式及发展前景预测报告分析）

（3）智能办公行业现状分析

智能办公是利用智能科学的理论、技术、方法和信息、通信和自动化技术工具，通过智能感知、云计算、物联网、移动互联、大数据挖掘、专家系统等手段，实现办公业务智能化，经营管理、决策和服务智能化，单位各种资源获得智能调配和优化利用，实现信息流、资金流、

---

[1] 中国报告大厅.2023年智慧交通行业现状分析 [EB/OL].（2023-08-04）[2024-06-22]. https://www.chinabgao.com/freereport/89329.html.
[2] 上海市统计局.2022年上海市工业生产运行情况 [EB/OL].（2023-01-20）[2024-06-22]. https://tjj.sh.gov.cn/tjfx/20230116/ac7813303bac470b960dcae3eaaac2de.html.

物流、业务工作流的高度集成与融合，实现办公信息化、网络化、数字化、智能化。智能办公包括智慧会议系统、智慧考勤系统、协同办公等。

智能办公系统体现了现阶段先进的科技水平，智能办公模式支持台式电脑、平板电脑、手机终端等多种终端设备的接入，能够更好地实现办公的高效、安全并能解决异地办公问题，提高资源的协作和共享。随着移动互联网的发展，移动智能终端的普及，移动智能终端办公已成为人们的习惯，移动办公成为了未来的发展的方向。近几年，我国智能办公行业稳定增长，从 2015 年的 292.3 亿元，增长到 2020 年的 792.4 亿元，2022 年中国智能办公行业市场规模进一步增长至 1233.9 亿元（图 7-3）。[1]

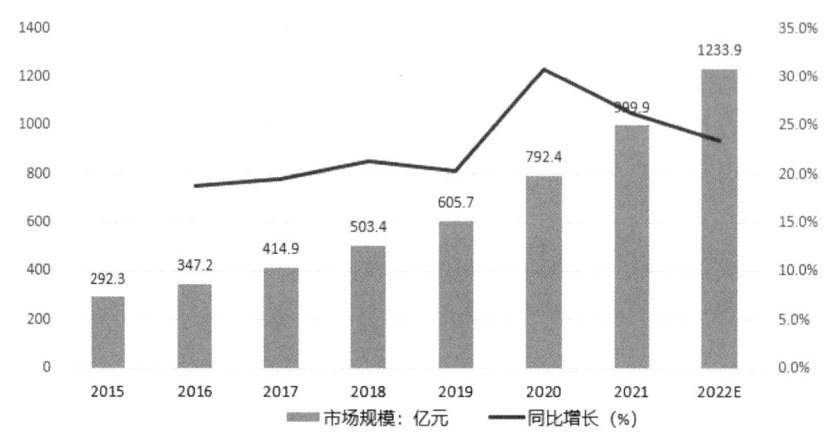

图 7-3　2015—2022 年中国智能办公行业市场规模统计及预测
（资料来源：共研网整理[2]）

2. 相关产业政策

（1）智能家居行业相关产业政策

发展数字经济已然成为国家战略，数字家庭作为数字经济的重要组成部分，是家庭设备向智能化、网络化方向进行的数字化升级的关键领域，这促使传统家居设备加快升级转型，直接带动智能家居行业的进步。2020 年 9 月，我国明确提出 2030 年"碳达峰"和 2060 年"碳中和"目标。"双碳"目标的实现需要绿色低碳产业的支持，智能家居可以通过对家居用电的自动化、精确化控制，实现对家居能源消耗的监测和量化，从而优化能源使用效率，做到

1　共研网 .2022 年中国智慧办公产业现状及 swot 分析 [EB/OL]．（2022-12-05）[2024-06-22]. https://baijiahao.baidu.com/s?id=1751297019288611104&wfr=spider&for=pc

2　共研网 .2022 年中国智慧办公产业现状及 swot 分析 [EB/OL]．（2022-12-05）[2024-06-22]. https://baijiahao.baidu.com/s?id=1751297019288611104&wfr=spider&for=pc

能源上的"节流"，切实落实"双碳"目标。近年来，国家不断地出台政策引导并扶持智能家居产业的发展。

2022年1月，国务院发布《"十四五"数字经济发展规划》，提出打造智慧共享的新型数字生活。加快住宅和社区设施数字化改造，鼓励新建小区建设智能系统，打造智能楼宇等公共设施。引导智能家居产品互联互通，促进家居产品与家居环境智能互动。[1]

2022年8月，科技部印发《关于支持建设新一代人工智能示范应用场景的通知》，提出针对未来家庭生活中家电、饮食、陪护、健康管理等个性化、智能化需求，运用云侧智能决策和主动服务、场景引擎和自适应感知等关键技术，加强主动提醒、智能推荐、健康管理、智慧零操作等综合示范应用，推动实现从单品智能到全屋智能、从被动控制到主动学习、各类智慧产品兼容发展的全屋一体化智控覆盖。[2]

2022年9月，上海市发布《上海市促进智能终端产业高质量发展行动方案（2022—2025年）》，旨在全力培育上海产业高端转型，促进智能终端产业带动实体经济和数字经济发展，支持企业围绕智能家电领域，发展智能音箱、智能厨电等产品，提升居民生活品质。[3]

（2）智能出行行业相关政策

2020年11月国务院办公厅发布《新能源汽车产业发展规划（2021—2035年）》，提出发展一体化智慧出行服务，加快建设涵盖前端信息采集、边缘分布式计算、云端协同控制的新型智能交通管控系统。[4]

2022年1月国务院发布《"十四五"现代综合交通运输体系发展规划》，提出围绕智慧出行、智慧物流、智慧运行和智慧监管，实施容量挖潜提升工程，推进枢纽机场智慧化升级，建设民航智慧化运营管理系统。[5]

2022年12月中共中央、国务院发布《扩大内需战略规划纲要（2022—2035年）》，提出释放出行消费潜力，优化城市交通网络布局，大力发展智慧交通。推动汽车消费由购买管

---

[1] 国务院.关于印发《"十四五"数字经济发展规划》的通知 [EB/OL].（2022-01-12）[2024-06-22]. https://www.gov.cn/zhengce/zhengceku/2022/01/12/content_5667817.htm.

[2] 科技部.关于支持建设新一代人工智能示范应用场景的通知.[EB/OL].（2022-08-12）[2024-06-22]. https://www.gov.cn/zhengce/zhengceku/2022/08/15/content_5705450.htm?eqid=f0a2e2420019bc5900000002647d6f6f.

[3] 上海市人民政府网.关于《上海市促进智能终端产业高质量发展行动方案（2022—2025年）》的政策解读 [EB/OL].（2022-07-20）[2024-06-22]. https://www.shanghai.gov.cn/202214zcjd/20220720/9ecc2c03e23fa43429f272712c694c54b.html.

[4] 国务院办公厅.关于印发《新能源汽车产业发展规划（2021—2035年）》的通知 [EB/OL].（2022-07-20）[2024-06-22]. https://www.gov.cn/zhengce/zhengceku/2020-11/02/content_5556716.htm.

[5] 国务院.关于印发《"十四五"现代综合交通运输体系发展规划》的通知 [EB/OL].（2022-01-12）[2024-06-22]. https://www.gov.cn/zhengce/zhengceku/2022-01/18/content_5669049.htm.

理向使用管理转变。[1]

（3）智能办公行业相关政策

2017年11月国务院发布《关于深化"互联网+先进制造业"发展工业互联网的指导意见》，提出到2025年实现百万家企业上云，鼓励工业互联网平台在产业集聚区落地，推动地方通过财税支持、政府购买服务等方式鼓励中小企业业务系统向云端迁移。[2]

2022年7月科技部等六部门关于印发《关于加快场景创新以人工智能高水平应用促进经济高质量发展的指导意见》，提出场景创新成为人工智能技术升级、产业增长的新路径，场景创新成果持续涌现，推动新一代人工智能发展上水平。鼓励在制造、农业、物流、金融、商务、家居等重点行业深入挖掘人工智能技术应用场景，促进智能经济高端高效发展。[3]

2022年8月科技部发布《支持建设新一代人工智能示范应用场景》，坚持面向世界科技前沿、面向经济主战场、面向国家重大需求、面向人民生命健康，充分发挥人工智能赋能经济社会发展的作用，围绕构建全链条、全过程的人工智能行业应用生态，支持一批基础较好的人工智能应用场景，加强研发上下游配合与新技术集成，打造形成一批可复制、可推广的标杆型示范应用场。[4]

3. 行业发展特征

（1）智能家居行业发展特征

① 融合多维多源信息，延伸服务范围，精准契合用户需求

当前的智能家居已经覆盖视觉、听觉、温湿度、人形、车辆、动物等多维度信息采集，以用户的视角灵活观察家庭环境，展现家庭空间全貌，改善由于片面信息决策下造成的告警不及时、追踪有困难、检测不精准等问题。智能家居系统在采集家庭内部信息的同时，还可通过连接外界信息，如客观存在的生活常识、动态的天气变化、多变的交通信息，辅助调整智能家居对用户的服务，从真正意义上服务用户的整体生活。例如萤石在整体智能家居方案设计中，结合项目户型的实用性与艺术性，完美实现了智能入户、智能灯光、智能安防、智能窗帘、电视控制、电器控制、背景音乐等功能，让用户乐享安全智能生活（图7-4）。

---

1 国务院.扩大内需战略规划纲要（2022—2035年）[EB/OL].（2022-01-12）[2024-06-22]. https://www.gov.cn/gongbao/content/2023/content_5736706.htm.

2 国务院.关于深化"互联网+先进制造业"发展工业互联网的指导意见[EB/OL].（2022-11-27）[2024-06-22]. https://www.gov.cn/zhengce/content/2017-11/27/content_5242582.htm.

3 科技部等六部门.关于印发《关于加快场景创新以人工智能高水平应用促进经济高质量发展的指导意见》的通知[EB/OL].（2022-07-29）[2024-06-22]. https://www.gov.cn/zhengce/zhengceku/2022-08/12/content_5705154.htm.

4 科技部.科技部关于《支持建设新一代人工智能示范应用场景》的通知[EB/OL].（2022-08-12）[2024-06-22].https://www.gov.cn/zhengce/zhengceku/2022-08/15/content_5705450.htm.

图 7-4　萤石 – 云樾鹭海智能家居样板间

② 综合多产品功能优势，协同实现全面智能服务价值的最大化

感知、交互、决策是智能家居的综合智能体现。AI 的助力，在延伸信息采集边界的同时，为用户提供了如语音、手势等更为自然的交互形式，并利用自身自学习、模型持续优化的优势，学习用户行为习惯，进而提供针对性贴合用户需求的家居服务。智能家居的本质是服务于人，如果产品智能属性与用户契合度低，或过多领先于用户实际需求，会造成产品的智能功能冗余，不利于用户获得便捷、友好的使用体验。艾瑞咨询《2023 中国智能家居（AIOH）发展白皮书》中提出，智能家居未来将借助互联互通能力，综合各产品功能的最大优势，共用多源数据，使整体智能服务效果最优化，既可以弥补单一产品不够智能的缺陷，同时可以解决产品功能冗余、造价较高的问题，降低具有交叉功能设备的重复安装量，从而降低用户使用智能家居的门槛[1]（图 7-5）。

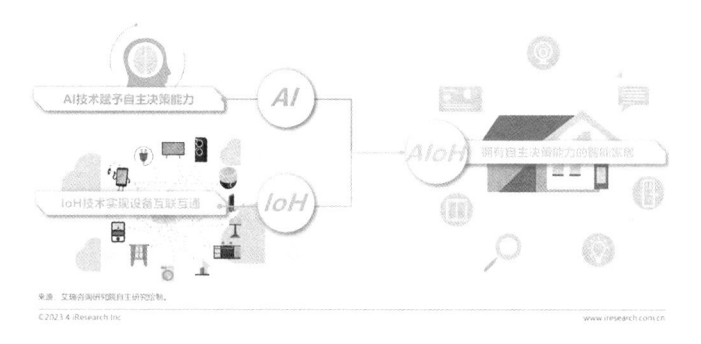

图 7-5　人工智能和家用物联网在智能家居场景的融合与协同应用

1　艾瑞咨询.2023 年中国智能家居 (AIoH) 发展白皮书 [EB/OL].(2023-04-24)[2024-06-22].https://report.iresearch.cn/report/202304/4171.shtml.

（2）智能出行发展特点

① 技术创新促进便携生活

政府将在城市道路改善和更新项目上投入巨资，以改善交通、仓储和共享等服务。例如智慧交通安全监控系统，智慧交通安全监控系统通过视频监控、智能分析等技术，实现了对交通流量、车辆、行人等的实时监控（图7-6）。这种系统可以及时发现和处理交通事故、交通违法，提高道路安全。以及随着自动驾驶技术的不断发展，未来几年，自动驾驶技术将得到大量应用。自动驾驶车辆能够精确感知和预测交通状况，通过智能规划路线和速度，优化交通流动，减少交通堵塞和拥堵，提高交通出行的效率和便利性。

图 7-6 智慧交通安全监控系统

② 智能出行平台满足用户多样化出行

随着互联网的发展，出现了许多智能出行平台，智慧出行服务得到了更多应用，用户可以享受到更加便捷、舒适的出行服务。如智能出租车、网约车和自行车共享等。这些服务可提供更多灵活的出行选择，满足消费者的个性需求。例如百度Apollo智能出行：基于百度Apollo的领先技术，提供有自动驾驶出租车、智能公交、共享单车等智能化服务。百度Apollo已在自动驾驶、智能汽车、智能交通三大领域拥有解决方案，通过百度提供的智能出行平台，用户可以享受到更加便捷、舒适的出行服务。在智能公交方面推出Apollo Robobus是面向开放道路的L4级自动驾驶公交车，应用百度Apollo自动驾驶、车路协同等多项技术，在常规道路环境下，车辆能实现安全可靠的自动驾驶并最终完成公交车驾驶任务，包括进出站、通过路口等（图7-7）。

图 7-7　Apollo Robobus

（3）智能办公发展特点

①国家政策支持为行业发展创造环境

相关政策的逐渐完善，使得智慧办公的监管愈加完善，生产、消费、使用流程得到安全保障，促进了行业的发展。随着国家十四五规划以来针对智慧办公行业的政策法律相继出台，智慧办公企业的技术研发水平不断提高，2020 年的智慧办公行业市场规模达 548.5 亿元，年复合增长率高达 14.5%。未来五年，预计中国智慧办公行业市场规模将以 12.8% 的增长率持续增长，并于 2023 年达到 829 亿元左右的市场规模。[1]

②无纸化办公促进绿色低碳发展

中研普华研究院《2023—2028 年中国智慧办公行业发展深度调研与未来趋势预测报告》指出，随着电纸书、电子合同、电子签章、数字政务等的进一步推广，无纸化办公的应用场景将更加广泛，有力促进绿色低碳发展。无纸化办公的解决方案还可以在智慧政法、智慧档案、智慧民生、智慧金融、智慧教育等各大场景中广泛使用。尤其是在公检法系统、医疗系统等，卷宗、病历、档案都需要数字化、去纸质化，方便后续的处理和流转。在企事业单位中，无纸化办公的趋势已非常明显。人社部办公厅发布《电子劳动合同订立指引》，指导用人单位与劳动者以可视为书面形式的数据电文为载体，使用可靠的电子签名订立劳动合同。[2]

---

[1] 中研网.智慧办公市场规模及发展趋势分析 2023 [EB/OL].(2023-06-02)[2024-06-22].https://m.chinairn.com/news/20230612/141858598.shtml.

[2] 中研网.智慧办公行业市场规模 智慧办公行业深度调研及投资分析 [EB/OL].(2023-02-21)[2024-06-22].https://m.chinairn.com/scfx/20230221/140014665.shtml.

二、重点企业调研分析

1. 上海智能家居行业重点企业调研分析

（1）上海智能家居行业重点企业列表

发展数字经济已然成为国家战略，上海市同样也积极响应，在2022年9月，上海市发布《上海市促进智能终端产业高质量发展行动方案（2022—2025年）》，旨在全力培育上海产业高端转型，促进智能终端产业带动实体经济和数字经济发展，支持企业围绕智能家电领域，发展智能音箱、智能厨电等产品，提升居民生活品质。上海也存在着多家智能家居行业的企业，其中主营智能照明、智能安防、智能摄像头等智能家电的企业较多，主营智能家具、智能家纺、智能家装的企业较少（表7-2）。

表7-2 上海智能家居品类代表性企业基本信息

企业名称	成立时间	注册资本	所属地区	企业性质
上海小为科技股份有限公司	2009-07-07	13889万元人民币	上海市闵行区	股份有限公司（非上市、自然人投资或控股）
上海西默通信技术有限公司	2009-07-07	13889万元人民币	上海市闵行区	有限责任公司（自然人投资或控股）
沪家（上海）智能家居有限公司	2017-11-20	200万元人民币	上海市奉贤区	其他有限责任公司
超级智慧家（上海）物联网科技有限公司	2014-06-27	3220.28万元人民币	中国（上海）自由贸易试验区临港新片区	有限责任公司（自然人投资或控股）
上海派毅智能科技有限公司	2014-11-27	1000万元人民币	上海市徐汇区	有限责任公司（自然人投资或控股）
弘柯智能科技（上海）有限公司	2015-05-22	1250万元人民币	中国（上海）自由贸易试验区临港新片	有限责任公司（自然人投资或控股）
上海维恰实业有限公司	2009-08-24	1000万元人民币	上海市闵行区	有限责任公司（自然人独资）
移康智能科技（上海）股份有限公司	2011-10-20	127.4509万元人民币	上海市闵行区	股份有限公司（中外合资、未上市）
上海华郡科技有限公司	2014-08-12	1000万元人民币	上海市松江区	有限责任公司（自然人投资或控股）

（2）重点企业发展概况——上海创米数联智能科技发展股份有限公司

① 企业概况

上海创米数联智能科技发展股份有限公司（以下简称创米科技）主营产品是智能家居，是一家聚焦智能家居，深度融合人工智能，为居家安全与生活提供全方位产品与服务的物联

图7-8　上海创米数联智能科技发展股份有限公司全屋智能系列

图7-9　上海创米数联智能科技发展股份有限公司全屋智能系列

图7-10　上海创米数联智能科技发展股份有限公司全屋智能系列

网公司。旗下创米小白是创米科技旗下的智能家居品牌,凭借全球领先的AI机器视觉技术、专业而深厚的人工智能物联研发经验,为全球每个家庭提供覆盖居家生活全场景的智能化产品、服务和解决方案(表7-3,图7-8~图7-10)。

表7-3 上海创米数联智能科技发展股份有限公司基本信息

	上海创米数联智能科技发展股份有限公司
注册时间	2014-04-10	注册资本	36000万元人民币
公司地址	上海市徐汇区桂平路391号新漕河泾国际商务中心A座29层	网址	http://www.imilab.com
企业性质	股份有限公司(非上市、自然人投资或控股)	联系方式	021-54201111
经营范围		一般项目:软件开发;信息系统集成服务;技术服务、技术开发、技术咨询、技术交流、技术转让、技术推广;物联网技术研发;物联网技术服务;人工智能应用软件开发;网络与信息安全软件开发;互联网销售(除销售需要许可的商品);网络设备销售;人工智能硬件销售;物联网设备销售;可穿戴智能设备销售;智能家庭消费设备销售;数据处理和存储支持服务;五金产品零售;电子专用设备销售;照明器具销售;安防设备销售;消防器材销售;信息系统运行维护服务;工业互联网数据服务;智能控制系统集成;日用电器修理;住宅水电安装维护服务;货物进出口;技术进出口

(资料来源:上海创米数联智能科技发展股份有限公司主页)

② 行业地位及核心特征

创米科技作为智能家居安全行业领跑者,旗下智能产品已进入全球150个国家和地区,出货总量超5500万台,用户总量超1600万,APP日活超500万,依托海量用户基数,通过数字化平台深度洞察用户真实需求,将前沿科技应用于智能场景体验,持续引领并推动行业创新升级,构建万物互联,服务全球用户。

创米以居家安全为核心,洞察用户在居住环境下的智能化需求,建立物理安全、环境安全、系统安全三类场景及服务体系。公司重点打造物理安全场景体系,主要产品包括智能摄像机、智慧门等,实现入户安全、看护安全、用电安全。

2. 上海智能出行行业重点企业调研分析

(1)上海智能出行行业重点企业列表

随着互联网、大数据、人工智能等技术的发展,智能出行正在成为新的出行方式,成为人们更加方便快捷的出行方式之一。上海市也涌现出一批智能出行行业相关高质量企业,如人们熟知的龙头企业上海汽车集团股份有限公司,推出的荣威汽车品牌以及近年来获得较好成绩的新能源汽车企业上海蔚来汽车有限公司等(表7-4)。除了在当下热门的新能源汽车行业，在共享出行、智能交通、自动驾驶技术等行业也有许多知名企业。

表 7-4 上海智能出行品类代表性企业基本信息

企业名称	成立时间	注册资本	所属地区	企业性质
上海汽车集团股份有限公司	1984-04-16	1168346.1365万元人民币	中国（上海）自由贸易试验区	其他股份有限公司（上市）
威马汽车科技集团有限公司	2012-05-22	600000万元人民币	上海市青浦区	有限责任公司（自然人投资或控股的法人独资）
上海蔚来汽车有限公司	2015-05-07	300000万美元	上海市嘉定区	有限责任公司（外国法人独资）
上海哈啰普惠科技有限公司	2016-03-04	440000万元人民币	上海市闵行区	有限责任公司（自然人投资或控股的法人独资）
环球车享汽车租赁有限公司	2016-05-16	325975.6044万元人民币	上海市嘉定区	有限责任公司（国有控股）
千方联陆智能交通科技（上海）有限公司	2017-08-29	18008.0645万元人民币	上海市闵行区	有限责任公司（中外合资）
上海智能交通有限公司	2017-04-20	10000万元人民币	上海市杨浦区	其他有限责任公司
中铁十五局集团上海智慧交通科技有限公司	2022-06-06	1000万元人民币	上海市静安区	有限责任公司（国有控股）

（2）重点企业发展概况——上海汽车集团股份有限公司

① 企业概况

上海汽车集团股份有限公司（以下简称上汽集团），作为国内规模领先的汽车上市公司，拥有全球最完整的新能源产品型谱，包括插电混动车、纯电动车和氢燃料车型（表 7-5）。上汽集团所属主要整车企业包括上汽乘用车分公司、上汽大通、智己汽车、飞凡汽车、上汽大众、上汽通用、上汽通用五菱、南京依维柯、上汽红岩、上海申沃等。

表 7-5 上海汽车集团股份有限公司基本信息

上海汽车集团股份有限公司			
注册时间	1984-04-16	注册资本	1168346.1365万元人民币
公司地址	上海市静安区威海路489号	网址	www.saicmotor.com
企业性质	其他股份有限公司（上市）	联系方式	021-22011138
经营范围	汽车，摩托车，拖拉机等各种机动车整车，机械设备，总成及零部件的生产、销售，国内贸易（除专项规定），咨询服务业，以电子商务方式从事汽车整车，总成及零部件的销售，从事网络科技领域内的技术服务，经营本企业自产产品及技术的出口业务和本企业所需的机械设备、零配件、原辅材料及技术的进口业务（但国家限定公司经营或禁止进出口的商品及技术除外），本企业包括本企业控股的成员企业，汽车租赁及机械设备租赁，实业投资，期刊出版，利用自有媒体发布广告，从事货物及技术进出口业务。		

（资料来源：上海汽车集团股份有限公司主页）

② 行业地位及核心特征

上海汽车集团股份有限公司,作为国内规模领先的汽车上市公司,努力把握产业发展趋势,加快创新转型,从传统的制造型企业向为消费者提供移动出行服务与产品的综合供应商发展。2022全年,公司实现整车销售530.3万辆,连续17年保持全国第一;自主品牌整车销量达到278.5万辆,占公司总销量的比重达到52.5%;新能源汽车销量达到107.3万辆,同比增长46.5%。[1]

面对外部更趋复杂严峻的环境,公司坚决贯彻"经济要稳住、发展要安全"的要求,努力应对各种超预期因素的冲击,众志成城、克难奋进,不断增强生产经营的韧性。公司积极进军新能源汽车市场,已推出途观L插电式混合动力版、帕萨特插电式混合动力版、朗逸纯电、途岳纯电等车型(表7-6)。

表7-6 上海汽车集团股份有限公司主要产品图

新能源汽车
传统汽车

3. 上海智能办公行业重点企业调研分析

(1)上海智能办公行业重点企业列表

近年来智能办公行业开始兴起,利用智能感知、云计算、物联网、移动互联、大数据挖掘、专家系统等手段,实现办公业务智能化、经营管理、决策和服务智能化、单位各种资源获得智能调配和优化利用。上海作为较早出现、使用智能办公的城市之一,涌现出了许多智能办

---

1 上汽集团. 上海汽车集团股份有限公司官网[EB/OL].(2023-01-09)[2024-06-22]. https://www.saicmotor.com/chinese/gsgk/gsjs/index.shtml.

公行业的企业，如以 OA 办公系统著名的上海泛微网络科技股份有限公司。上海市的重点企业主要集中在协同办公行业，此外在智能会议系统、智能考勤系统行业也出现了一批重点企业（表 7-7）。

表 7-7　上海智能办公品类代表性企业基本信息

企业名称	成立时间	注册资本	所属地区	企业性质
泛微网络科技股份有限公司	2001-03-14	26060.3073万元人民币	上海市奉贤区	股份有限公司（上市、自然人投资或控股）
上海汇翼信息科技有限公司	2011-04-17	705.1595万元人民币	上海市浦东新区	有限责任公司（非自然人投资或控股的法人独资）
上海律创软件科技有限公司	2018-10-25	300万元人民币	上海市闵行区	有限责任公司（自然人投资或控股）
鼎捷软件股份有限公司	2001-12-26	26928.843万元人民币	上海市静安区	股份有限公司（中外合资、上市）
宜员（上海）信息科技有限公司	2022-03-15	2000万美元	上海市浦东新区	有限责任公司（港澳台法人独资）
上海泽信软件有限公司	2010-06-02	2500万元人民币	上海市浦东新区	有限责任公司（自然人投资或控股）
上海蓝山办公软件有限公司	2020-12-25	1000万元人民币	上海市浦东新区	有限责任公司（自然人投资或控股）
上海金山办公软件有限公司	2020-06-04	3300万元人民币	上海市徐汇区	有限责任公司（非自然人投资或控股的法人独资）

（2）重点企业发展概况——上海泛微网络科技股份有限公司

① 企业概况

上海泛微网络科技股份有限公司（以下简称泛微），成立于 2001 年，总部设立于上海，专注于协同管理 OA 软件领域，帮助组织构建统一的数字化办公平台（表 7-8）。泛微是"国家规划布局内重点软件企业"，OA 行业上交所主板上市公司。

表 7-8　上海泛微网络科技股份有限公司基本信息

上海泛微网络科技股份有限公司			
注册时间	2001-03-14	注册资本	26060.3073万元人民币
公司地址	上海市闵行区三鲁公路3419号	网址	www.weaver.com.cn
企业性质	股份有限公司（上市、自然人投资或控股）	联系方式	4008618118
经营范围	许可项目：第二类增值电信业务。（依法须经批准的项目，经相关部门批准后方可开展经营活动，具体经营项目以相关部门批准文件或许可证件为准）一般项目：技术服务、技术开发、技术咨询、技术交流、技术转让、技术推广；信息系统集成服务；软件开发；信息咨询服务（不含许可类信息咨询服务）；电子产品销售；通讯设备销售；货物进出口；技术进出口；承接档案服务外包；数据处理服务；数据处理和存储支持服务。		

（资料来源：上海泛微网络科技股份有限公司主页）

② 行业地位及核心特征

泛微是"国家规划布局内重点软件企业",是协同管理软件领域唯一一家国家重点软件企业。2013年泛微作为协同管理领域企业入选福布斯中国潜力非上市公司100强,并以近3年高增长优势位居第10名席位。2017年1月13日在上海证券交易所主板上市,是目前国内OA(办公自动化)行业唯一一家上交所主板上市公司。

泛微OA以低代码应用构建为扩展平台,依靠电子签名及AI技术,连接外部12亿微信用户,让员工与客户在一个平台实现内外协同工作,为组织打造统一的智能数字化办公入口、让组织拥有数字化建设能力,助力组织的数字化转型。公司获得腾讯战略投资,是企业微信战略合作伙伴(图7-11、图7-12)。

图7-11 上海泛微网络科技股份有限公司OA产品

图7-12 上海泛微网络科技股份有限公司OA产品

三、产业集聚新发展

1. 产业集聚特色

上海市的智能用品产业主要聚集于上海郊区,包括青浦区、松江区、金山区、奉贤区在内的新型城市化地区,市区的黄浦、普陀区以及包括闵行区、宝山区在内的中心城区拓展区。此外也有较多智能用品产业园区位于上海市的都市发展区——浦东新区。共有31个相关智能制造的产业园区,其中奉贤区、浦东新区产业园区数量最多,且产业集聚区的规模大、占地面积广(表7-9)。奉贤区有6个相关产业园区,浦东新区有5个相关产业园区。

表 7-9 上海智能用品行业产业集聚园区

所属行政区	序号	园区名称
浦东新区	1	创研智造
	2	外高桥国际智能制造服务产业园
	3	颂尧智能制造园
	4	环颂智造产业园
	5	金桥智造·金港园
奉贤区	6	临港智造·玉兰园
	7	临港智造·香樟园
	8	临港智造·青桐园
	9	临港智造·金桂园
	10	上海鼎龙智能制造科技园
	11	闵升级智造园机械园区
黄浦区	12	江南智造·宏欣科技园
	13	智造局一期国际服务外包产业园
	14	智造局Ⅱ
青浦区	15	晨讯智造产业园
	16	双亿智造科技园
	17	集池宇智造创新园
松江区	18	金龙科技（智能制造）产业园
	19	金地威新智造园
	20	上海智造产业园
	21	华电机器人智能制造产业园
嘉定区	22	金地威新智造园
	23	振河马陆智能制造产业园
	24	耕新智造园
	25	北虹桥智能制造产业园
宝山区	26	中城智造·长江源
	27	金地新威宝山智造园
金山区	28	企福智造产业园（赛卓智造产业园）
	29	华平（金山）智造园
	30	金地威新金山智造园（建设中）
普陀区	31	上海智能制造及机器人产业园区

2. 典型产业园区

（1）创研智造园区

创研智造园区位于大浦东康桥核心领地，紧邻张江科技园，A20申江路出口，地处由陆家嘴—外高桥—国际空港，以及深水港所构成的"浦东金三角区域"中心位置，具有快速便捷的交通优势。创研智造精心规划32万平方米的现代化企业园区，具备研发、办公、展示等多种功能，致力于为一批高知识型、高智慧型、高成长型的企业打造国内拓展、海外发展的事业平台。园区内目前已有112家企业，有许多如上海交通科技有限公司德科仕通信（上海）有限公司、库沃真空科技（上海）有限公司、滴翠智能科技（上海）有限公司、桑泽健康科技（上海）有限公司等智能科技公司。

（2）上海外高桥国际智能制造服务产业园

上海外高桥国际智能制造服务产业园位于上海自贸试验区保税区域核心发展区，东至富特东三路，南至英曼路，西至朝鹃路，北至美约路，规划用地面积约6万平方米，建筑面积10万平方米。设有中国国际进口博览会高端装备板块唯一"6天+365天"常年展示交易平台。园区以价值链为核心，聚焦重点领域及产业链重点环节，充分利用自贸区贸易便利化的优势，针对高精度、高效率以及高尖端的数控机床、机器人、刀具等高端智能制造行业，提供保税展示与演示、展品物流、零部件分拨、贸易代理、检测认证、专业培训、技术交流等国际贸易便利化和专业化的服务，努力打造国际智能制造领域具有一定影响力的"平台型品牌"。服务"上海制造"、参与"上海服务"，目标为以聚集国际领先的精密数控机床、工业自动化设备、智能机器人、3D打印、高精密检测等设备和技术，努力打造成一个在国际智能制造领域具有一定影响力的"平台型品牌"。

第八章　工艺精品行业发展概况
OVERVIEW OF THE DEVELOPMENT OF THE CRAFT BOUTIQUE INDUSTRY

一、行业总体分析

1. 行业现状分析

工艺精品是面向"传统工艺美术"传承和创新，以美术技巧制成的各种与实用相结合并具有欣赏价值的时尚新产品，能满足人民群众多层次的物质和精神消费需求。工艺精品行业按照国家统计局《文化及相关产业分类（2018）》标准，可以涵盖雕塑工艺品、金属工艺品、漆器工艺品、天然植物纤维编织工艺品、抽纱刺绣工艺品等 8 大门类（表 8-1）。

表 8-1　工艺精品涉及的行业领域范围

行业大类	细分类别
雕塑工艺品制造业	指以玉石、宝石、象牙、角、骨、贝壳等硬质材料，木、竹、椰壳、树根、软木等天然植物，以及石膏、泥、面、塑料等为原料，经雕刻、琢、磨、捏或塑等艺术加工而制成的各种供欣赏和实用的工艺品的制作活动。
金属工艺品制造业	指以金、银、铜、铁、锡等各种金属为原料，经过制胎、浇铸、锻打、錾刻、搓丝、焊接、纺织、镶嵌、点兰、烧制、打磨、电镀等各种工艺加工制成的造型美观、花纹图案精致的工艺美术品的制作活动。
漆器工艺品制造业	指将半生漆、腰果漆加工调配成各种鲜艳的漆料，以木、纸、塑料、铜、布等作胎，采用推光、雕填、彩画、镶嵌、刻灰等传统工艺和现代漆器工艺进行的工艺制品制作活动。
天然植物纤维编织工艺品制造业	指以竹、藤、棕、草、柳、葵、麻等天然植物纤维为材料，经编织或镶嵌而成具有造型艺术或图案花纹，以欣赏为主的工艺陈列品以及工艺实用品的制作活动。
抽纱刺绣工艺品制造业	指以棉、麻、丝、毛及人造纤维纺织品等为主要原料，经设计、刺绣、抽、拉、钩等工艺加工各种生活装饰用品，以及以纺织品为主要原料，经特殊手工工艺或民间工艺方法加工成各种具有较强装饰效果的生活用纺织品的制作活动。
地毯挂毯工艺品制造业	指以羊毛、丝、棉、麻及人造纤维等为原料，经手工编织、机织、栽绒等方式加工而成的各种具有装饰性的地面覆盖物或可用于悬挂、垫坐等用途的生活装饰用品的制作活动。

（续表）

行业大类	细分类别
珠宝首饰及相关物品制造业	指以金、银、铂等贵金属及其合金以及钻石、宝石、玉石、翡翠、珍珠等为原料，经金属加工和连结组合、镶嵌等工艺加工制作各种图案的装饰品的制作活动。
其他工艺美术及礼仪用品制造业	指其他工艺美术品的制造活动。

行业经济复苏进程较缓，营业收入同比下降1.9%，净利润下降2.2%[1]，增加值、消费、出口依然呈负增长，企业生产经营持续承压。然而随着促消费扩内需政策持续显效，消费市场需求开始回升，行业活力逐渐增强，固定资产投资规模在稳步恢复的基础上继续扩大，保持两位数的较快增长。

2022年，上海地区工艺精品行业的生产总体保持相对稳定，总营收达到782.98亿元，同比增长2%，但总利润额为51.48亿元，呈负增长。[2]在这一行业中，金银珠宝等改良型消费品的销售波动较大，全年零售额下降12.1%。然而从9月份开始，市场需求逐渐恢复良好，零售额开始持续增长。[3]至2023年生产总营收呈增长趋势，比去年同期增长8.4%，营业收入达849.12亿元，总利润额为57.02亿元，稳步上升。[4]（表8-2）

表8-2 规模以上行业企业主要经济效益指标

上海工艺精品行业近四年主要经济效益指标				
年份	营业收入（单位：亿元）	同期增长（%）	利润总额（单位：亿元）	同期增长（%）
2020	662.14	1.7	47.41	-5.6
2021	743.79	13.8	57.76	23.2
2022	782.98	2.0	51.48	-13.8
2023	849.12	8.4	57.02	10.6

（数据来源：上海市统计局）

1　中国轻工业联合会.2022年中国轻工行业经济运行报告[EB/OL].（2023-06）[2024-06-22].http://lwzb.stats.gov.cn/pub/lwzb/bztt/202306/W020230605413585690865.pdf.

2　上海市统计局.2022年12月规模以上工业主要经济效益指标(按行业分一)[EB/OL].（2023-01-30）[2024-06-22]. https://tjj.sh.gov.cn/ydsj34/20230130/b00d1b1e36d646f49ac2370708adeb9b.html.

3　上海市统计局.2022年本市消费品市场运行情况与特点[EB/OL].（2023-01-20）[2024-06-22]. https://tjj.sh.gov.cn/tjfx/20230116/65ce41fd7ec94fb0a0e15f944279d34e.html.

4　上海市统计局.2023年12月规模以上工业主要经济效益指标(按行业分一)[EB/OL].（2023-01-30）[2024-06-22]. https://tjj.sh.gov.cn/ydsj333/20240126/15aebd49ce184f59ae9a6029994bda27.html.

2. 相关产业政策

近年来，我国采取措施大力做好传统工艺美术传承保护工作，在挖掘和继承传统工艺美术品种和技艺的基础上，运用新技术，创新传统题材与工艺，推动工艺精品行业不断发展。

2018年5月，上海市有关部门印发了《促进上海创意与设计产业发展的实施办法》，其中明确提出要"提升发展工艺美术业"，具体包括推动珠宝首饰业由规模化向精品化、国际化发展，推动玉雕、木雕、艺术瓷大师作品涌现等多项内容和举措。

2019年，根据国务院办公厅转发的《中国传统工艺振兴计划》，结合上海本市实际，上海市文化旅游局、市经济信息化委、市财政局制订《上海市传统工艺振兴计划》。立足中华优秀传统文化，弘扬践行"海纳百川、追求卓越、开明睿智、大气谦和"的上海城市精神，明确指出了传统工艺在当代社会中寻求发展创新机会的具体路径，使传统工艺在现代生活中不断得到新的应用，不断满足人民群众物质和精神生活的新需求。

为促进中国传统工艺创造性转化、创新性发展，实现长久保护和永续利用，2022年6月，文化和旅游部、教育部等十部门联合印发《关于推动传统工艺高质量传承发展的通知》，明确了"十四五"期间传统工艺保护传承的指导思想、主要原则、主要目标、重点任务和保障措施。

3. 行业发展特征

（1）注重本土文化，区域特色鲜明

地区工艺美术在广泛吸纳各地特长的基础上，融会传统文化和海派文化，形成了鲜明的风格特色。企业以地域特色的工艺技术和海派文化为支撑，在设计、材料选择、工艺技术等各个方面深度融合本土地域文化元素。这一综合性的融合不仅使得其工艺产品具备独特的风格特色和深刻的文化内涵，也有助于更好地反映上海的悠久历史、丰富传统和多样生活方式。上海守白文化艺术有限公司作为田子坊的"文化地标"和海派艺术的"城市名片"，在2022年推出了海派剪纸光影灯、"徐家汇"包等极具本土特色产品。"梧桐深处"采用非遗海派剪纸市级代表性传承人李守白大师的剪纸作品《武康路》中经典武康大楼和梧桐树等元素（图8-1），以平面剪纸设计造型结合铜艺雕刻镂空，打造剪纸氛围灯，运用简练流畅的线条刻画出不一样的海派建筑风尚。

海派文化的传承和创新通过工艺

图8-1 "梧桐深处"海派剪纸氛围灯

产品变得更加鲜明，为城市增添了新的魅力，同时也吸引了更多消费者对上海的历史和传统产生浓厚兴趣。

（2）数字化赋能文化创意融合

在经济发展新常态下，文化创意和设计服务与工艺精品产业的融合发展成为优化产业结构、提升国家文化软实力的重要举措。企业积极参与地区旅游工艺品创新开发，以转变传统的销售模式和服务方式为己任，不断创新合作方式，挖掘传统工艺文化的价值，着手开发各类旅游衍生品和授权品，以探索工艺品开发的新途径。此外，加强工艺精品产业与新一代信息技术的融合发展，结合云计算、大数据、人工智能、互联网+等数字化技术，将创意设计与文化、科技三者融合。

在这个背景下，老凤祥股份有限公司持续举办"老凤祥杯"，以此为平台，旨在持续为上海增添新鲜活力，促进成果转化，创新市场。2022第十七届"老凤祥杯"开辟了数字文旅纪念品通道，与知名数字平台展开深度合作，借势元宇宙文旅融合发展的势头，多渠道引流产品、赋能宣传推广，实现科技赋能助力产业发展（图8-2）。

图8-2　第十七届上海老凤祥杯最佳数字藏品设计奖得奖作品

上海政府还鼓励围绕产业链部署创新，完善以企业为主体、市场为导向、政产学研相结合的现代创新体系，从而促进工艺产品创新与市场的联动和承接，实现工艺精品产业从产业链到价值链的不断优化升级，构建良好的产业新业态。

（3）涵盖领域广泛，消费升级趋势明显

上海是我国工艺美术较为发达的地区之一，自清代以来就有手工编结、玉石雕刻、象牙雕刻、木器雕刻、雕漆屏风、绒绣、抽绣、民间剪纸等30个工艺美术行业。行业涵盖范围广，其用途也较为多元化，可以用于家居装饰、礼品、日用品、陈列展示等多个领域。随着经济的发展和人们生活水平的提高，消费者对工艺美术品的需求不断提升，对品质要求也越来越高，倾向于购买高品质、独特设计的作品。这促使上海地区的工艺精品企业不断提升产品品质和创新设计，满足市场的需求。

二、重点企业调研分析

1. 上海工艺精品行业重点企业列表

作为融会了江南传统文化和近代工商业文明的国际大都市，上海传统工艺积淀深厚、品种丰富、风格独特，吸引了大批人才与企业（表8-3）。这些企业在传承的同时，不断融合当代艺术和设计元素，激发了上海城市的创新活力，发展了多样的本土文化，进一步塑造了城市形象。

表8-3 上海工艺精品行业代表性企业基本信息

企业名称	成立时间	注册资本	所属地区	企业性质
上海表业有限公司	2000-03-02	1535万元人民币	上海市杨浦区	其他有限责任公司
上海张铁军翡翠股份有限公司	2011-12-22	12970万元人民币	上海市青浦区	股份有限公司
老凤祥股份有限公司	1992-11-11	52311万元人民币	上海市黄浦区	股份有限公司
上海城隍珠宝有限公司	2000-10-13	3000万元人民币	上海市静安区	有限责任公司（自然人投资或控股）
上海玉恒堂艺术品有限公司	2005-10-14	25000万元人民币	上海市长宁区	有限责任公司（自然人独资）
上海中艺抽纱有限公司	2002-06-14	6300万元人民币	上海市浦东新区	有限责任公司
恒源祥（集团）有限公司	2001-02-23	10000万元人民币	上海市黄浦区	有限责任公司（自然人投资或控股）
上海豫园珠宝时尚集团有限公司	2004-04-30	220000万元人民币	上海市黄浦区	有限责任公司（非自然人投资或控股的法人独资）

2. 重点企业发展概况

（1）老凤祥股份有限公司

① 企业概况

创始于公元1848年的老字号民族品牌老凤祥，集科工贸于一身、产供销于一体，拥有完整的产业链、多元化的产品线，是国内文化底蕴深厚的跨越三个世纪的品牌，老凤祥股份有限公司（以下简称老凤祥）是中国珠宝首饰业与民族工业的一面旗帜和优秀企业的代表（表8-4）。公司旗下的研究所、博物馆、专业工厂和遍布全国的3200多家银楼专卖店以及典当行、拍卖行等，构成了老凤祥大规模的产业体系，其品牌产品达到了珠宝首饰的全品类，并向旅游纪念品、工艺品、钟表和眼镜的相关产业和跨界产品延伸扩展。

表8-4 老凤祥股份有限公司基本信息

老凤祥股份有限公司			
成立时间	1992-11-11	注册资本	52311万人民币
公司地址	黄浦区南京西路	网址	www.laofengxiang.com
企业性质	股份有限公司	联系方式	021-54480605
经营范围	生产经营金银制品、珠宝、钻石与相关产品及设备，工艺美术品（文物法规定的除外）、旅游工艺品与相关产品及原料，文教用品与相关原料及设备；从事上述商品的批发、零售、佣金代理（拍卖除外）及进出口业务；物业管理；自有房屋租赁；典当、拍卖（只限已批准的子公司经营）；以独资、合资、合作经营形式投资兴办鼓励类、允许类企业。（涉及专项规定、质检、安检管理等要求的，需按照国家有关规定取得相应许可后开展经营业务）【依法须经批准的项目，经相关部门批准后方可开展经营活动】		

（资料来源：老凤祥股份有限公司）

② 行业地位及核心特征

截至2022上半年，老凤祥现有国家级工艺美术大师8人、上海市级工艺美术大师16人，公司在专业领域内的中高级人才数量在业内处于领先。新兴人才方面，于2022年全面落实"凤翔计划""人才强企"战略，进一步优化人才队伍结构，为百年老字号注入青春活力。

老凤祥较为完整地汲取了中国传统手工制作技艺的精华，在总结传承中国传统金银文化基础上，全方位梳理提炼百年品牌的独特工艺技术，通过名师带高徒和创建大师原创工作室等方式，培养具有独特技艺制作的传人。"老凤祥金银细工制作技艺"荣列国家级非物质文化遗产名录，金银首饰镶嵌技艺被认定为"上海市优秀传统技艺"。此外，公司成为市级非遗项目"珐琅器制作技艺"保护单位，秉承古法珐琅制作技术，集古今中外细金珐琅文化于一体，在继承的前提上予以艺术加工、二次创作（图8-3）。

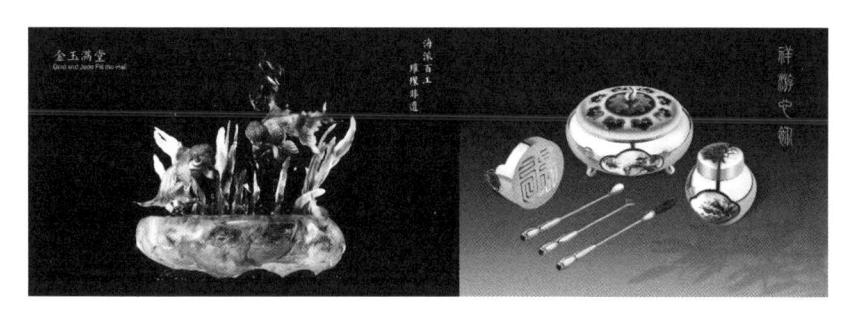

图 8-3　老凤祥金银细工制作技艺工艺品与珐琅器工艺摆件

（2）上海中艺抽纱有限公司

① 企业概况

上海中艺抽纱有限公司（简称上海中艺）成立于 2002 年，以资产经营管理和工艺品零售业务为主。上海中艺围绕"弘扬中华文化，共享艺术之美"的品牌理念，以中国工艺集团授权的"中国工艺"品牌为核心，吸纳整合国内工艺美术产业资源，分别在上海、南京、成都、福州、杭州等地开设多家工艺品零售门店（表 8-5）。2005 年获得上海市对外经济贸易委员会颁发的上海市外贸出口百强企业贡献奖铜奖。公司良好的经营业绩和商誉品牌已为越来越多的国内外专业同行所关注。

表 8-5　上海中艺抽纱有限公司基本信息

上海中艺抽纱有限公司			
成立时间	2002-06-14	注册资本	6300万人民币
公司地址	浦东上南路3855号	网址	www.cnacgc-sh.com
企业性质	有限责任公司	联系方式	021-61258700
经营范围	抽纱制品、化工原料及产品（除危险化学品、监控化学品、民用爆炸物品、易制毒化学品）、燃料油、木材及制品、金属材料、纸制品、钢材、矿产品、游艇、服装、鞋帽、工艺美术品（象牙及其制品除外）、文化用品、玩具、金银制品的销售，货物或技术进出口（国家禁止或涉及行政审批的货物和技术进出口除外），实业投资，投资管理，设计，制作各类广告，室内外装潢及设计，计算机软硬件的开发，商务咨询，物业管理，展览展示服务，食品销售，餐饮服务。（依法须经批准的项目，经相关部门批准后方可开展经营活动）		

（资料来源：上海中艺抽纱有限公司）

② 行业地位及核心特征

近年来，上海中艺以工艺品业务为切入点，制定业务转型战略规划，以集团公司授权使用的"中国工艺"品牌为核心，吸纳整合国内工艺美术产品制造商和零售商，着重布点高端商旅枢纽和全国重点景区，已在上海、北京、成都、厦门、三亚、海口等城市开设门店 10 余家，积极打造国家级工艺品连锁交易平台，致力成为工艺品全产业链的资源整合商。上海中艺抽纱有限公司已在全国范围内开设50余家"中国工艺雅生活馆"，通过整合工艺品行业上下游资源，打造中国最大的工艺品零售O2O平台（图8-4）。

公司还致力于生产基地的建设和发展，确保能够创建高品位研发出样和稳定供货的一流产品基地，为进一步拓展市场做准备。

图8-4　中国工艺雅生活馆宽窄巷子店店铺图

（3）上海豫园珠宝时尚集团有限公司

① 企业概况

上海豫园珠宝时尚集团有限公司,前身为豫园黄金珠宝集团,是黄金行业的旗舰航母之一。集团拥有"老庙""亚一"两大全国知名品牌，全国有2000多家门店，百亿级销售规模（表8-6）。近年来公司发展战略转型，致力于构建行业C2M（Customer to Manufacturer）生态系统，以家庭为单位描绘用户画像、构建消费场景，与上游高效合作，快、准、好地通过老庙与亚一品牌直接服务于家庭客户。

表8-6　上海豫园珠宝时尚集团有限公司基本信息

上海豫园珠宝时尚集团有限公司			
成立时间	2004-04-30	注册资本	220000万元人民币
公司地址	上海市黄浦区凝晖路58号顶层阁楼	网址	www.yuyuantm.com.cn
企业性质	有限责任公司（非自然人投资或控股的法人独资）	联系方式	021-23026130
经营范围	金银制品、首饰、金属及金属矿产品、工艺美术品、百货、钟表的零售、批发，艺术品鉴定、服务，国内贸易（除专项规定外），贸易经纪与代理（除拍卖），实业投资，投资管理，从事货物及技术的进出口业务。（依法领经批准的项目，经相关部门批准后方可开展经营活动）		

（资料来源：上海豫园珠宝时尚集团有限公司）

②行业地位及核心特征

上海豫园珠宝时尚集团有限公司作为一家历史悠久的企业，旗下有老庙黄金和亚一珠宝两大知名品牌。截至2022年12月底，"老庙"和"亚一"品牌门店达到4565家。在黄金珠宝行业，集团的领先地位已确立无疑。目前，集团形成"黄金交易、生产加工、渠道零售、产业投资"四大业务引擎，并矢志向"以品牌为核心的综合推广能力"与"有产业深度的行业投资能力"双轮驱动的中国行业第一的集团迈进。

品牌古法金饰集现代设计理念，中华民族传统文化内涵特征于一体（图8-5）。为了给消费者提供更符合市场需求的高质量的工艺精品，积极制定《金银传统工艺（含古法）足金饰品》企业标准，按照企业标准严格控制工艺质量，优化工艺流程，提升工艺水平。为古法黄金饰品市场规范化发展提供启发的同时，也为消费者购物体验提供更加安心的质量保障。

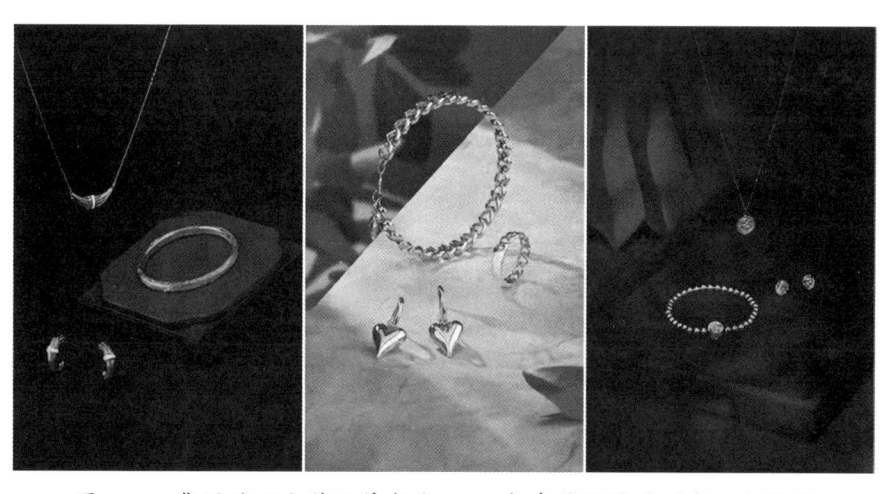

图8-5　集团旗下主营品牌老庙2022年有鹊婚嫁系列产品宣传图

三、产业集聚新发展

1. 产业集聚特色
（1）资源优势错位布局

上海根据各区县工艺美术产业发展基础与资源优势，突出重点、协调推进，形成不同特色产业集聚区，充分发挥区域比较优势，有效利用原料、技艺和特色传统资源优势，以重点区域为中心、以重点产业园区为载体，以重点企业为引领，创建工艺美术产业集聚区。黄浦等区域依托黄金珠宝藏品交易中心、黄金珠宝推广中心、黄金珠宝金融服务平台等重点项目和产业基础，建设以黄金珠宝为主的贵金属工艺品产业集聚区；浦东、黄浦等区域以东方明珠、豫园商城等传统旅游工艺品商圈为核心，建设旅游工艺品产业集聚区；静安等区域借助"中国竹材装饰（上海）设计应用推广中心"落地的资源优势，建设以竹装饰、竹工艺品为主的竹装饰产业集聚区等。

（2）企业协同发展

行业中综合实力强、工艺设计能力突出、带动能力显著的龙头企业不断延伸产业链条，构成大规模产业体系，建造综合型企业集团，实现由单一的工艺制造业向文化创意、工艺研发、推广营销、进出口贸易等方向发展，从而增强核心竞争力。

产业集聚促进行业内龙头企业引领和带动中小微型企业协同发展，形成产业链上的紧密协作关系，增强行业发展活力和内在动力。特色小微型企业则走特色发展之路，突出品种、技艺、地域和民族特色，提倡小而精、灵活的生产和经营方式。

2. 典型产业园区
（1）上海工艺美术创意园区

上海工艺美术创意园区，坐落于上海市徐汇区钦州路528号，占地10.5亩，是上海市人民政府首批认定的市级都市工业园区，前身为老凤祥旗下上海工艺美术厂（图8-6）。自1970年成立以来，该厂一直致力于国画、丝绒艺术、黄杨木雕、灯彩和软陶等众多工艺美术品的研发与生产。经过数十年的沉淀与积累，如今的工艺美术创意园区已然成为了一个集文化创意产业、商务办公和展览展示于一体的综合性场所。

（2）上海国稷手工艺产业博览园

上海国稷手工艺产业博览园总体占地面积约180亩，涵盖文化、旅游、科技等多个领域（图8-7）。园区致力于建立建设国家级手工艺传承区、体验区、展览区、交易区，是国家级重点手工艺产业聚集区，国家级非遗视窗，业态丰富的国家级品牌文化产业集聚平台。百位艺术家落户园区，有分别代表中国当代陶瓷艺术家和百位玉雕领域艺术家的中国工艺美术大师龚循明领衔的溯源团队和北京市玉器厂总经理刘春明领衔的北派玉雕大师团队先后签约落户。其中,园区还包括"中国玉雕博物馆""国稷美术馆""索菲特国际艺术客栈"等重点项目建设,同时还引进有"中国玉石雕天工奖""第十四届神工奖"等重要文化活动。

2022年8月,松江区文化旅游局启动了第三轮《人文松江建设三年行动计划（2023—2025年）》的编制工作,其中指出加快国稷手工艺产业博览园新兴文创园区培育,推动园区转型升级。

图8-6　上海工艺美术创意园区照片

图8-7　地处佘山附近的上海国稷手工艺产业博览园俯瞰图

第九章 数字潮品行业发展概况
OVERVIEW OF THE DEVELOPMENT OF DIGITAL FASHION INDUSTRY

一、行业总体分析

1. 行业现状分析

数字潮品作为时尚消费品，是数字经济的重要一环。为实现特色数字化消费，要以数字化的知识和信息作为关键生产要素，以数字技术为核心驱动力，以现代信息网络为重要载体，通过数字技术与实体经济深度融合，不断提高数字化、网络化、智能化水平，加速重构经济发展与治理模式的新型经济形态。由于数字潮品类目大多属于数字经济中产业数字化的第三产业内容，所以本报告将从数字经济角度展开研究，着力关注产业数字化部分。

数字经济主要涵盖四方面：一是数字产业化；二是产业数字化；三是数字化治理；四是数据价值化（表9-1）。数字产业化主要包含电子信息制造业、电信业、软件业、互联网行业，AI人工智能等互联网传播手段，都包含在内。产业数字化主要包含第二产业，最具代表性的是工业互联网行业和第三产业，最具代表性的是电商行业，数字时尚消费品大多涵盖于此，例如数字服饰、数字虚拟人等。数字化治理主要指智慧城市建设或是数字公共服务，为实现数字时尚的全域化，数字化线上教育、数字艺术展览、数字音乐节等多涵盖于此。数据价值化主要指数据采集、数据定价、数据标注等内容。在以上四方面全面协同作用下，数字成为推进中国式现代化的重要驱动力量。

表 9-1 数字产业涉及的行业领域范围

行业大类	细分类别
数字产业化	电子信息制造业
	电信业
	软件业
	互联网行业
产业数字化	第二产业—数字化代表行业—工业互联网
	第三产业—数字化代表行业—电商
数字化治理	智慧城市
	数字化公共服务
数据价值化	数据采集
	数据定价
	数据标注

2022 年，我国数字产业化规模达到 9.2 万亿元，产业数字化规模为 41 万亿元，占数字经济比重分别为 18.3% 和 81.7%，数字经济的二八比例结构较为稳定。其中，三二一产数字经济渗透率分别为 44.7%、24.0% 和 10.5%，同比分别提升 1.6、1.2 和 0.4 个百分点，二产渗透率增幅与三产渗透率增幅差距进一步缩小，形成服务业和工业数字化共同驱动发展格局[1]。

2. 相关产业政策

2021 年 12 月国务院关于印发《"十四五"数字经济发展规划》的通知，明确坚持"创新引领、融合发展，应用牵引、数据赋能，公平竞争、安全有序，系统推进、协同高效"的原则。到 2025 年，数字经济核心产业增加值占国内生产总值比重达到 10%，数据要素市场体系初步建立，产业数字化转型迈上新台阶，数字产业化水平显著提升，数字化公共服务更加普惠均等，数字经济治理体系更加完善。[2]

2021 年 12 月中央网络安全和信息化委员会印发《"十四五"国家信息化规划》，《规划》围绕确定的发展目标，部署了 10 项重大任务，一是建设泛在智联的数字基础设施体系，二是

---

[1] 中国信通院. 中国数字经济发展研究报告（2023）[EB/OL].（2023-04）[2024-06-22].http://www.caict.ac.cn/kxyj/qwfb/bps/202304/t20230427_419051.htm.

[2] 国务院. 关于印发《"十四五"数字经济发展规划》的通知 [EB/OL].（2021-12-12）[2024-06-22]. https://www.gov.cn/zhengce/zhengkuku/2022-01/12/content_5667817.htm.

建立高效利用的数据要素资源体系，三是构建释放数字生产力的创新发展体系，四是培育先进安全的数字产业体系，五是构建产业数字化转型发展体系，六是构筑共建共治共享的数字社会治理体系，七是打造协同高效的数字政府服务体系，八是构建普惠便捷的数字民生保障体系，九是拓展互利共赢的数字领域国际合作体系，十是建立健全规范有序的数字化发展治理体系，并明确了5G创新应用工程等17项重点工程作为落实任务的重要抓手。[1]

2020年12月上海市委、市政府发布《关于全面推进上海城市数字化转型的意见》，要求深刻认识上海进入新发展阶段全面推进城市数字化转型的重大意义，明确城市数字化转型的总体要求，推动"经济、生活、治理"全面数字化转型；坚持全方位赋能，构建数据驱动的数字城市基本框架；坚持革命性重塑，引导全社会共建共治共享数字城市；同时，创新工作推进机制，科学有序全面推进城市数字化转型。[2]

2021年7月上海市发展和改革委员会关于印发《上海市促进城市数字化转型的若干政策措施》的通知[3]，全面激发全社会各类主体的数字化转型活力和动力。到2025年，推动上海数字经济核心产业增加值进一步提高，着力形成上海城市数字化转型的制度框架体系，取得一批具有重要影响力的制度性成果，在国内外的数字规则话语权显著增强，为加快建设具有世界影响力的国际数字之都提供重要支撑。

2021年10月上海市人民政府办公厅关于印发《上海市全面推进城市数字化转型"十四五"规划》的通知[4]，指出到2025年，上海全面推进城市数字化转型取得显著成效，对标打造国际一流、国内领先的数字化标杆城市，基本构建起以底座、中枢、平台互联互通的城市数基，经济、生活、治理数字化"三位一体"的城市数体。

2022年1月上海市人民政府发布《推进治理数字化转型实现高效能治理行动方案》[5]，全面构建体现整体性转变的功能系统、支撑全方位赋能的技术框架、适配革命性重塑的治理格局。2023年，上海全面推进治理数字化转型取得显著成效，初步形成引领全国的超大城市治理新

---

1 网信办.中央网络安全和信息化委员会印发《"十四五"国家信息化规划》[EB/OL].（2021-12-28）[2024-06-22]. https://www.gov.cn/xinwen/2021-12/28/content_5664872.htm?eqid=8d0a177900000ced000000066459c2ff.

2 网信上海.关于全面推进上海城市数字化转型的意见[EB/OL].（2021-01-08）[2024-06-22]. http://www.cac.gov.cn/2021-01/08/c_1611676479346954.htm.

3 上海市发展和改革委员会.关于印发《上海市促进城市数字化转型的若干政策措施》的通知[EB/OL].（2021-07-29）[2024-06-22]. http://service.shanghai.gov.cn/XingZhengWenDangKuJyh/XZGFDetails.aspx?docid=REPORT_NDOC_007913&eqid=f610b9e400026d5800000004642d1699.

4 上海市人民政府办公厅.关于印发《上海市全面推进城市数字化转型"十四五"规划》的通知[EB/OL].（2021-10-27）[2024-06-22]. https://www.shanghai.gov.cn/nw12344/20211027/6517c7fd7b804553a37c1165f0ff6ee4.html.

5 上海市人民政府网.推进治理数字化转型实现高效能治理行动方案[EB/OL].（2022-01-13）[2024-06-22]. https://www.shanghai.gov.cn/nw12344/20220113/b4752dcf13764c06914b0475f5f4818a.html.

模式。

3. 行业发展特征

近年来，上海数字产业围绕《中华人民共和国国民经济和社会发展第十四个五年规划和2035年远景目标纲要》《"十四五"数字经济发展规划》《中国数字经济发展研究报告（2023年）》，已构成上海发展数字经济的顶层设计体系，为打造具有国际竞争力的数字化国际都市奠定了基础。上海数字文化产业发展呈现出以下发展特征：

（1）数字产业和实体经济深度融合

上海数字技术与实体经济深度融合，赋能传统产业转型升级，催生新产业新业态新模式。产业充分利用优势，运用数字服饰、数字虚拟人等方式形成线上资源整合，从而完成线上线下消费闭环，将商品消费融合发展，促进共享经济等消费新业态发展，加快培育新型消费。

上海电气集团数字科技有限公司通过服务化延伸，提供工业领域领先的数字化平台和解决方案（图9-1）。运用数字技术，基于不同客户需求，以项目管控平台为支撑，对复杂软件产品的设计、研发、测试过程进行一体化高效实时管控，实现研发过程模块化、敏捷化、透明化、精益化的管理。

（2）战略多元，新兴经济体布局数字产业

上海不断实现经济、教育、金融、交通、医疗等领域数字化转型，在公共服务领域通过数字化完善消费者使用体验；在教育教学方面，深度实现数字化转型；在数字艺术方面，充分调动数字NFT技术。目前已基本形成数字基础设施，营造数字环境等。

如艺链NFT平台是由上海国际数字娱乐中心（上海国际游戏研发行业协会）发起的国内首个文创数字藏品平台，充分展现了数字艺术的多元化。该平台于2022年7月26日正式上线，首期数字藏品由《大闹天宫》《黑猫警长》《葫芦兄弟》等10个经典动画IP联合推出。

用户可以在艺链NFT平台制作、购买和出售加密艺术品。对数字艺术品感兴趣的用户，可以进入艺链NFT平台，浏览并交易数字艺术品，或者上传一份自己的商品出售。艺链NFT平台上的数字艺术品是整个平台的核心，而这些数字艺术品的来源只能是通过艺术家来进行制作。

（3）产业数字化占比持续提升

2022年，我国产业数字化规模为41万亿元，同比名义增长10.3%，占GDP比重为33.9%，占数字经济比重为81.7%[1]。2020年上海市政府正式印发了《上海市促进在线新经济发展行动方案：2020—2022年》，方案提出上海市规划到2022年末将把上海打造成具有国

---

[1] 中国信通院.中国数字经济发展研究报告（2023）[EB/OL].（2023-04）[2024-06-22].http://www.caict.ac.cn/kxyj/qwfb/bps/202304/t20230427_419051.htm.

图 9-1　上海电气空冷系统

图 9-2　上海百琪迈科技（集团）有限公司数字化服饰展示

际影响力、国内领先的在线新经济发展高地。目前，上海地区服务业领域数字经济领先发展，特别是电子商务、共享经济等服务业数字化发展迅猛，对数字经济增长的贡献巨大，例如数字服饰、数字虚拟人等新型数字展现形式（图9-2）。

上海百琪迈科技（集团）有限公司专注于服装数字化转型，其自主研发的Aphro3D虚拟试衣软件及Aphromoda全链路研发协同设计平台，可助力企业实现服装数字化转型，由传统设计模式走向数字设计（图9-3、图9-4）。

图9-3　上海百琪迈科技（集团）有限公司创作数字场景

图9-4　上海百琪迈科技（集团）有限公司创作数字服饰

二、重点企业调研分析

1. 上海数字产业重点企业列表

上海作为数字产业的重要发展基地,近年来着力注重数字化顶层设计和数字企业转型。按数字产业分类,本市数字产业企业在数字产业化、产业数字化、数字治理化、数据价值化上均有突出表现。其中,产业数字化模块经济占所有数字经济的80%左右,其覆盖的第三产业的数字经济领先发展,特别是电子商务、共享经济等数字化发展迅猛,企业增长快速,代表企业有上海寻梦信息技术有限公司、美腕(上海)网络科技有限公司、行吟信息科技(上海)有限公司等(表9-2),部分公司同步研发数字虚拟人等类目,扩大营收范围。

表9-2　上海数字产业行业重点企业

企业名称	成立时间	注册资本	所属地区	企业性质
中芯国际集成电路制造有限公司	2000-12-21	244000万美元	上海市浦东新区	有限责任公司(外国法人独资)
上海微电子装备(集团)股份有限公司	2002-03-07	26612.41万元人民币	上海市浦东新区	股份有限公司(非上市、国有控股)
澜起科技股份有限公司	2004-05-27	113607.8141万元人民币	上海市徐汇区	股份有限公司(中外合资、上市)
紫光展锐(上海)科技有限公司	2013-08-26	505667.1625万元人民币	上海市浦东新区	有限责任公司(外商投资、非独资)
支付宝(中国)网络技术有限公司	2004-12-08	150000万元人民币	上海市浦东新区	有限责任公司(非自然人投资或控股的法人独资)
中国银联股份有限公司	2002-03-08	996327.2892万元人民币	上海市浦东新区	其他股份有限公司(非上市)
携程计算机技术(上海)有限公司	1994-01-19	800万美元	上海市徐汇区	有限责任公司(港澳台法人独资)
上海幻电信息科技有限公司	2013-05-02	1099.3539万元人民币	上海市浦东新区	有限责任公司(自然人投资或控股)
上海钧正网络科技有限公司	2016-03-04	440000万元人民币	上海市闵行区	有限责任公司(自然人投资或控股的法人独资)
海尔数字科技(上海)有限公司	2017-06-28	25000万元人民币	上海市松江区	有限责任公司(非自然人投资或控股的法人独资)
网宿科技股份有限公司	2000-01-26	243723.0675万元人民币	上海市嘉定区	其他股份有限公司(上市)
上海寻梦信息技术有限公司	2014-01-09	1000万元人民币	上海市长宁区	有限责任公司(自然人投资或控股的法人独资)
美腕(上海)网络科技有限公司	2014-12-22	200万元人民币	上海市浦东新区	有限责任公司(自然人投资或控股的法人独资)
行吟信息科技(上海)有限公司	2013-08-02	100万元人民币	上海市黄浦区	有限责任公司(自然人投资或控股)
上海风语筑文化科技股份有限公司	2003-08-12	59477.4189万元人民币	上海市静安区	股份有限公司(上市、自然人投资或控股)
阿基米德(上海)传媒有限公司	2015-08-13	10262.342万元人民币	上海市长宁区	有限责任公司(非自然人投资或控股的法人独资)

（续表）

企业名称	成立时间	注册资本	所属地区	企业性质
上海宝信软件股份有限公司	1994-08-15	240259.0537万元人民币	上海市浦东新区	股份有限公司（中外合资、上市）
上海依图网络科技有限公司	2012-09-29	4669.8932万元人民币	上海市徐汇区	有限责任公司（自然人投资或控股）
云之富（上海）数据服务有限公司	2014-08-05	4600万元人民币	上海市浦东新区	有限责任公司（自然人投资或控股）

2. 重点企业发展概况

（1）上海风语筑文化科技股份有限公司

① 企业概况

上海风语筑文化科技股份有限公司是中国展览展示行业龙头企业，首创"设计领衔·跨界总包"经营理念，以定制化设计为核心，利用数字化展示手段，重新定义主题文化展示领域，将策划创意、空间装饰、互动科技、软件开发、数字CG、影视制作、系统集成、舞美灯光、平面设计、建筑模型等行业进行跨界整合，打造中国展览展示行业设计施工一体化全产业链模式（表9-5）。

上海风语筑文化科技股份有限公司先后获得金堂奖、筑巢奖、中国建筑学会室内设计分会年度大奖、中国室内装饰设计协会奖、艾特奖。公司掌握了全息投影、VR、AR、大数据可视化、裸眼3D等诸多高科技数字化展示技术手段，同时公司拥有一支跨领域的创意、设计、艺术团队，透过与科学、技术人才的跨界合作，创作出了诸多的玄妙场景，譬如马克墙、可分解的数字沙盘、智能数字会议室、5D影院等。

表9-5 上海风语筑文化科技股份有限公司基本信息

上海风语筑文化科技股份有限公司			
成立时间	2003-08-12	注册资本	59634.8656万元人民币
公司地址	上海市静安区江场三路191、193号	联系方式	021-56206468
企业类型	股份有限公司（上市、自然人投资或控股）	网址	www.fengyuzhu.com
经营范围	从事文化科技、数字科技、多媒体科技、自动化科技、计算机软硬件、打印科技、计算机科技、图像科技领域内的技术开发、技术转让、技术咨询、技术服务，展览展示服务，测绘服务，计算机系统集成，数据处理，动漫设计，软件设计，摄影摄像服务，网络工程，建筑装饰装修建设工程设计与施工一体化，建筑智能化建设工程设计与施工一体化，机电安装建设工程专业施工，灯光音响设备设计与安装，建筑设计，广告设计、制作，照明灯饰、工艺品、艺术品的设计与销售，从事货物及技术的进出口业务。		

（资料来源：上海风语筑文化科技股份有限公司及企查查主页）

②行业地位及核心特征

上海风语筑文化科技股份有限公司是中国数字文化展示产业领导企业，是中国展览展示行业龙头企业，是国内少有的专注城市体验馆装饰及展示设计施工一体化工程的专业公司，也是打造中国最多规划类展览馆成功案例的公司，其共申请了196个商标信息、180个专利信息、908个著作权信息。企业主要为客户提供数字文化展示技术创新体验系统解决方案，创新采用以设计为主导、以数字科技为依托、以数字文化创新服务为体现的一体化全程控制运作模式，是中国数字展示行业内唯一全产业链模式。

2022年，上海风语筑文化科技股份有限公司凭借领先的技术优势和丰富的应用案例，公司成功入选"中国元宇宙最具商业潜力科技企业"榜单，并荣获"元宇宙交互技术奖"和"元宇宙产业应用奖"等奖项（图9-5、图9-6）。

图9-5　上海风语筑文化科技股份有限公司宣传图　　图9-6　上海风语筑文化科技股份有限公司宣传图

公司结合自身业务资源以及在全息影像、裸眼3D、VR/AR/MR、大数据可视化、AI人机交互等技术应用领域的优势，积极开拓大数据可视化业务，布局3D数字设计及系统化数字虚拟内容建设业务，助力"上海国际美妆节""上海虹口区科技节"打造元宇宙虚拟发布会，利用虚拟仿真技术，在虚拟空间中打造物理世界的延伸。此外，在数字文旅场景，公司联合上海白玉兰广场、东方明珠电视塔等IP元素为上海打造创意AR体验。

（2）紫光展锐（上海）科技有限公司

①企业概况

紫光展锐（上海）科技有限公司（以下简称紫光展锐）是全球少数全面掌握2G、3G、4G、5G、Wi-Fi、蓝牙、电视调频、卫星通信等全场景通信技术的企业之一，具备大型芯片集成及套片能力，产品包括移动通信中央处理器、基带芯片，AI芯片等（表9-4）。

其产品主要涵盖两个板块，即工业电子：广域物联网、局域物联网、行业方案、汽车电子、智能显示；消费电子：5G智能终端、智能手机、智能穿戴。

表9-4 紫光展锐（上海）科技有限公司基本信息

紫光展锐（上海）科技有限公司			
成立时间	2013-08-26	注册资本	505667.1625万元人民币
公司地址	中国（上海）自由贸易试验区祖冲之路2288弄3号429室	联系方式	021-20360600
企业类型	有限责任公司（自然人投资或控股）	网址	www.unisoc.com
经营范围	技术开发、技术转让、技术咨询、技术服务；通讯设备、电子产品、计算机、软件及辅助设备的批发、进出口、佣金代理（拍卖除外）及相关的配套服务，软件开发。（依法须经批准的项目，经相关部门批准后方可开展经营活动）.		

（资料来源：紫光展锐［上海］科技有限公司）

②行业地位及核心特征

紫光展锐是世界领先的平台型芯片设计企业。在核心的5G领域，紫光展锐是全球公开的市场3家5G芯片企业之一。同时，紫光展锐具备大型芯片集成及套片能力，产品包括移动通信中央处理器、基带芯片、AI芯片等，场测覆盖全球133个国家，通过全球260多家运营商的出货认证，拥有包括荣耀、realme、vivo、三星、摩托罗拉、海信、中兴、京东、银联、格力在内的500多家客户。

紫光展锐曾五次获得国家科技进步奖，其中特等奖1次、一等奖2次，连续两年荣获中国专利金奖，已申请专利近万项，拥有3G/4G/5G、多卡多待、多模等核心专利。

目前，紫光展锐已推出超100款5G智能终端，消费电子领域，展锐5G芯已被中兴、努比亚等品牌手机采用并在全球市场销售，同时，紫光展锐携手合作伙伴开拓了5G学习机、智能眼镜、商用机器人等创新品类（图9-7、图9-8）。工业电子领域，展锐5G解决方案已在智慧电力、智慧园区、智慧采矿、智慧医疗、智能制造、金融支付、共享经济、工业物联网等垂直领域商用落地。

紫光展锐始终坚持以技术创新为核心，持续投入5G等先进技术研发，为客户和行业提供高质量、高价值的产品和解决方案，不断提升在全球市场的影响力与竞争力，为产业和社会创造价值，用科技之光照亮幸福生活。

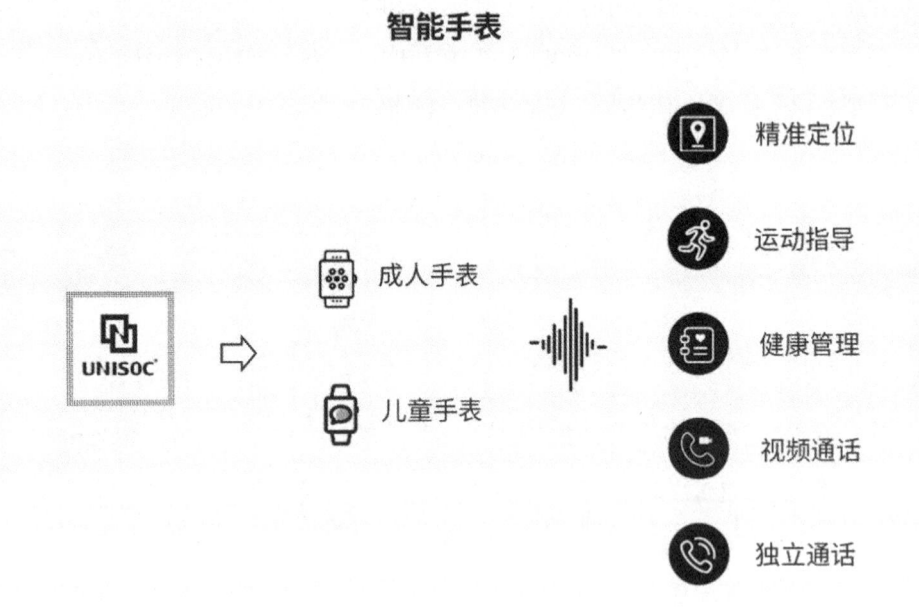

图 9-7　紫光展锐（上海）科技有限公司智能手表解决方案示意图

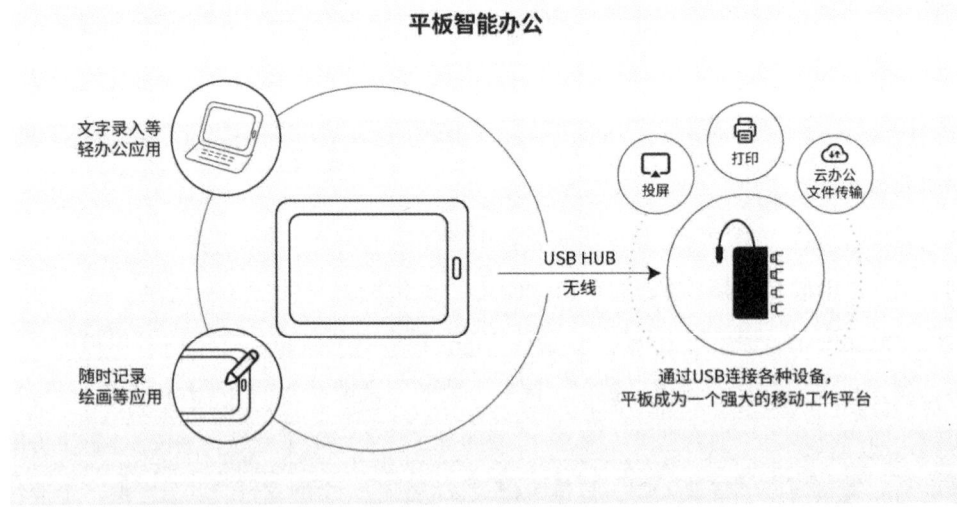

图 9-8　紫光展锐（上海）科技有限公司平板电脑解决方案示意图

（3）上海幻电信息科技有限公司

① 企业概况

成立于 2013 年的上海幻电信息科技有限公司是哔哩哔哩的运营主体。哔哩哔哩（以下称 B 站）是国内首家关注 ACG 互动，内容有趣、活动丰富、玩法多样，并向电竞、生活、娱乐领域不断延伸的平台。其特色是悬浮于视频上方的实时评论功能，爱好者称其为"弹幕"，这种独特的视频体验让基于互联网的弹幕能够超越时空限制，构建出一种奇妙的共时性的关系，形成一种虚拟的部落式观影氛围，让B站成为极具互动分享性的社交媒体平台。

目前B站活跃用户超过1.5亿，每天视频播放量超过1亿，原创投稿总数超过1000万。B站75%的用户年龄在24岁以下。B站拥有动画、番剧、国创、音乐、舞蹈、游戏、科技、生活、鬼畜、娱乐、时尚等多个内容分区。70%的内容来自用户自制或原创视频，目前拥有超过100万的活跃视频创作者（up主）。站点目前开设有动画、番剧、国创、音乐、舞蹈、游戏、科技、生活、鬼畜、时尚、广告、娱乐、影视、放映厅14大板块。

表9-5 上海幻电信息科技有限公司基本信息

上海幻电信息科技有限公司			
成立时间	2013-05-02	注册资本	1099.3539万元人民币
公司地址	中国（上海）自由贸易试验区祖冲之路2277弄1号905、906室	联系方式网址	15618631843
企业类型	有限责任公司（自然人投资或控股）	网址	http://www.bilibili.com
经营范围	一般项目：技术服务、技术开发、技术咨询、技术交流、技术转让、技术推广；进出口代理；广告设计、代理；广告制作；广告发布；企业形象策划；动漫游戏开发；专业设计服务；信息咨询服务（不含许可类信息咨询服务）；计算机软硬件及辅助设备零售；计算机软硬件及辅助设备批发；玩具销售；工艺美术品及收藏品零售（象牙及其制品除外）（除依法须经批准的项目外，凭营业执照依法自主开展经营活动）许可项目：第二类增值电信业务；广播电视节目制作经营；出版物批发；出版物零售；网络文化经营。（依法须经批准的项目，经相关部门批准后方可开展经营活动，具体经营项目以相关部门批准文件或许可证件为准）		

（资料来源：上海幻电信息科技有限公司及国家企业信用信息公示系统网页）

②行业地位及核心特征

上海幻电信息科技有限公司是国内首屈一指的互联网数字内容平台，公司以数字人物、内容营销等数字技术为主要产出（表9-5）。目前上海幻电信息科技有限公司已有商标信息4494条，专利信息489条，2021年上海幻电信息科技有限公司已完成了IPO上市，交易金额202.00亿港元，并于2020年7月20日，入围上海在线新经济榜单。

在公司经济发展和平台策略方面：2022年8月，上海幻电信息科技有限公司入选"2022中国品牌500强"榜单，位列第281位。2022年11月，上海幻电信息科技有限公司荣获国家网信办网络法治局指导，中国互联网发展基金会主办，法治网承办的"2022全国互联网法律法规知识云大赛"优秀组织单位。2023年1月，上海幻电信息科技有限公司入选"2022年·胡润中国500强"，排名第313位。

图 9-9　上海幻电信息科技有限公司宣传图

在社会教育责任方面：上海幻电信息科技有限公司扩展大众化阅读灯教育教学内容。2022年4月，B站联合11位名师大咖及20多家出版社，发起了"致我们热爱的书籍"系列专题活动；2022年5月起将把每年五月第一周定为哔哩哔哩纪录片开放周，以便更好地触达年轻人知识教育等方面（图9-9）。

在虚拟人物方面：2022年8月上海幻电信息科技有限公司申请的"虚拟形象开播方法及装置"专利公布。摘要显示，本申请可提高用户体验，方法包括：直播进程在收到用户虚拟形象添加指令后，启动渲染进程加载虚拟形象；渲染进程根据直播中获取的用户面部数据，对加载后的虚拟形象进行渲染；直播进程将获取到的渲染结果作为视频流推送至直播服务器中。

三、产业集聚新发展

1. 产业集聚特色

上海市数字产业上主要聚焦于徐汇区、静安区、黄浦区。其中徐汇区为核心产业数字化企业集中区域，例如漕河泾"元创未来"产业园，入驻有人工智能全产业链中的企业500余家，营业收入超过850亿元，集成电路产业企业约90家，营业收入超过150亿元，游戏企业超过150家。共集聚各类科技载体51个，其中国家级孵化器6个、国家级众创空间6个。园区企业累计申请专利28254件，园区每万人拥有发明专利420件，全国领先。

上海市静安区近年来聚焦上海国际科技创新中心建设，在数字经济领域持续推动"云、数、智、链"一体化发展,涌现出一大批创新型领军企业和细分领域"隐形冠军"。数据显示,上海市静安区拥有数据智能相关企业1700家左右,核心大数据企业数量占上海全市三分之一以上。[1] 其中代表性的产业聚集区有上海市北高新技术服务业园区、上海静安大宁功能区、苏河湾功能区等。

2. 典型产业园区

(1)漕河泾"元创未来"产业园

漕河泾开发区本部4平方千米的徐汇区块,以成熟的数字经济产业为基础,以城市更新载体升级为特征;"元创未来"还包含在建中的北杨人工智能创新中心,占地0.6平方千米,与漕河泾本部徐汇区块形成"南北联动"空间布局(图9-10)。

北杨人工智能创新中心位于徐汇区华泾镇,是徐汇区建设人工智能高地的重要战略载体,也是漕河泾开发区充分发挥"区区合作"优势的重点项目之一,将于"十四五"末全面建成。如今的漕河泾开发区内,汇聚了元宇宙各个维度的众多头部企业和行业冠军。北杨人工智能创新中心可充分承接漕河泾本部和徐汇区的产业、人才外溢,且已有米哈游等重点企业落户和一批储备企业,有条件加速元宇宙产业业态集聚,推进人工智能在元宇宙全产业链的融合应用[2]。

图9-10 漕河泾"元创未来"产业园

---

[1] 中国经济网.竞跑数字经济新赛道——上海市静安区数智产业调查[EB/OL].(2023-11-15)[2024-06-21]. https://new.qq.com/rain/a/20231115A00HQJ00.

[2] 解放日报."元创未来"作为上海首批元宇宙特色产业园区发布[EB/OL].(2022-08-23).[2024-06-22]. https://www.shanghai.gov.cn/nw4411/20220823/a2a4ac36e87b41a1a091f02d682b941f.html.

（2）虹桥临空数字经济产业园

虹桥临空数字经济产业园围绕"一园多区、一区多核"的产业布局（图9-11）。园区坚持以特定空间集聚特定产业为原则，聚焦五大重点产业，塑造高品质产业空间。

虹桥国际人工智能产业中心围绕科大讯飞上海总部，吸引人工智能领域总部落地；虹桥临空跨国公司（总部）科创园，探索打造虹桥商务区乃至长三角一体化进程中重要的数字制造科创功能集聚区；虹桥数字健康产业集群，释放联影、贝泰妮等领军企业集聚效应，推动数字健康上下游企业入驻；携程智慧出行产业园是全球数字贸易港的首批承载平台之一，以数字化手段赋能旅游业转型。光大安石、建滔在线新经济商务广场依托百秋、美腕、荷培等龙头企业，推动数字商贸独角兽企业入驻[1]。

图9-11 虹桥临空数字经济产业园

---

1 上海产业园区.虹桥临空数字经济产业园[EB/OL].（2022-05-31）[2024-06-22].https://mp.weixin.qq.com/s?__biz=MzAxNzI3MTEzMA==&mid=2652241708&idx=1&sn=9c4ebae2fa9c1ccb47aaba98d2d6801c&chksm=80094f19b77ec60f5e22a0ae405a5cc9c8c7d6da12558e6c65936d10416578064e4c38b4374c&scene=27.

第三篇

上海时尚消费品行业热点盘点

INDUSTRY HOTSPOT INVENTORY

第十章　上海时尚消费新产品
SHANGHAI FASHION CONSUMER NEW PRODUCTS

一、可持续环保产品

近年来，可持续消费理念逐渐深入人心。据《2022低碳社会洞察报告》显示，年轻一代更加重视环境与生态问题，在环保支付方面表现出突出意愿。且随着经济社会全面恢复常态化运行，绿色低碳消费更是成为了"重头戏"。

可持续环保服装已经成为上海服饰尚品行业的主要关注点之一。这一趋势注重使用环保和可循环利用的材料，如有机棉、大麻、竹纤维和回收纤维，减少对有限资源的依赖。此外采用环保的染色和整理技术，积极推动减少有害化学物质的使用。部分服饰品牌还提供了关于产品生命周期的透明信息，旨在帮助消费者做出更具环保意识的购买决策。

2022年4月22日的世界地球日，劲霸男装发布首个环保可持续系列——"说话算数"胶囊系列（图10-1），其中部分销售利润捐赠中国绿化基金会，助力西北绿洲生态系统。

优衣库的母公司迅销集团提出了未来

图10-1　劲霸男装"说话算数"胶囊系列

可持续发展蓝图，致力打造"LifeWear=Sustainability"新型业务模式，把可持续发展融入经营的各个环节中，构筑兼顾"可持续发展"与"事业成长"的循环型业务模式。在2022年秋冬系列中推出使用100%再生聚酯纤维制成的摇粒绒，并且将其应用到更多品类中，包括裤装、夹克等商品。（图10-2）

图10-2　优衣库2022秋冬"哆啦A梦IP可持续发展模式"系列摇粒绒夹克

资生堂中国启动"红妍肌活精华露空瓶再续计划"，消费者可以线上预约并带着不同规格的红腰子空瓶到专门品牌柜台，将会有服务人员接待为空瓶进行清洗和再灌装（图10-3）。这也是资生堂在替换装优势领域的又一延伸，清洁后的红腰子空瓶再灌装后，瓶身和泵头均得到再次利用，实现包装的循环使用。

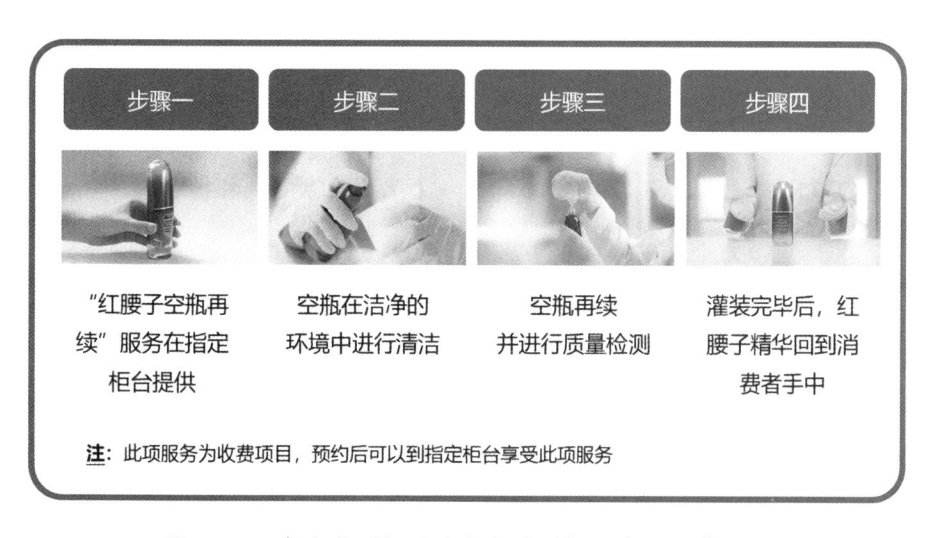

图10-3　资生堂"红腰子空瓶计划"服务项目步骤图

二、国风国潮产品

中国民众的文化自信不断提升,文化认同感、自豪感油然而生,中国文化的复兴为时尚消费品行业注入了新的活力。国潮在消费者,尤其是年轻消费者中产生了越来越强的影响力,这也促使品牌更加重视将中国元素融入产品设计,吸引更多消费者关注和认可国潮,从而形成从供给侧到消费侧的正循环。

国货品牌如今愈发成熟,不少品牌了解到单靠组合套用传统文化元素进行产品设计太过于同质化,只有深挖传统文化的价值,理解其核心要义,才能持久地发展。中国风国潮服装表现出强大的号召力。过去10年,国产品牌在中国服装行业20强中的销售额贡献稳步提升。尤其是电商等新兴平台,国产品牌与爆款商品不断涌现。

设计师和品牌将中国元素融入服装设计中,创造了富有独特本土特色的国潮服装。2023上海春夏时装周中,TUYUE涂月在此次的新系列"美丽新世界"中,首次带来了去性别化的婚纱,并在其中融入了传统的揭阳珠绣;MAYALI 2022/2023"阴阳相生相克"把中国古代哲学中的"阴阳"理论,融入其坚守的理性浪漫主义当中,创新地将晚宴桌的概念融入舞

图10-4 MAYALI 2022/2023"阴阳相生相克"上海2023春夏时装周秀场照片

台设计，呈现了一场神秘华丽的时装盛宴（图 10-4）；由独立设计师品牌 M Essential 推出的全新年轻线 M ESSENTIAL NOIR 的最新系列"东方少女代码"，其灵感源于设计师童年时光里的美好记忆，美少女战士、七彩糖纸、小碎花等元素显现于略显夸张的廓形和摩登前卫的中式旗袍，杂糅着叛逆与酷拽的东方少女韵味（图 10-5）。

不仅在服饰尚品领域，佰草集、相宜本草、百雀羚等化妆美品类传统国货品牌非常注重自主研发，致力于开发独特的配方和技术，在产品中充分利用了中草药成分，强调了传统中医草本植物的疗效。

本土可持续美容与生活方式品牌"东边野兽"在 2022 年 9 月开展草药巡演（图 10-6），把收集有灵芝、松茸、玫瑰、松节油等草本的图谱带到现场，将产品原料本真的模样呈现给消费者。同时品牌以高原植物为启发，开发了用草本智慧代替酒精清洁的手霜，加入了可以抑菌的松节油，以及滋润皮肤的青刺果油，让手霜代替频繁洗手，护手但不伤手。

此外，文化创意工艺品作为中国古老文化与现代时尚完美融合的重要元素之一，通过现代设计的诠释，传统的刺绣、陶瓷、木雕等工艺技艺焕发出新的生命力，满足了人们对于艺术、历史和文化的追求。

2024 年初第二届国潮文创设计大赛落下帷幕，出自青浦区的文创项目榜上有名。江南水乡客船（红船）灵感来源于中国邮政发行的红船邮票。该作品通过青浦区非物质文化遗产——金银花丝编结技艺与木匠工艺的巧妙结合，生动还原了红船形象（图 10-7）。优秀的国潮文创项目将传统工艺与现代设计和生活场景有机结合，展现出非物质文化遗产的当代价值，为推动优秀传统文化的传承与发展贡献了青浦智慧。

图 10-7 江南水乡客船（红船）实物图

图 10-5　M ESSENTIAL NOIR 2022/2023 "东方少女代码"上海 2023 春夏时装周秀场照片

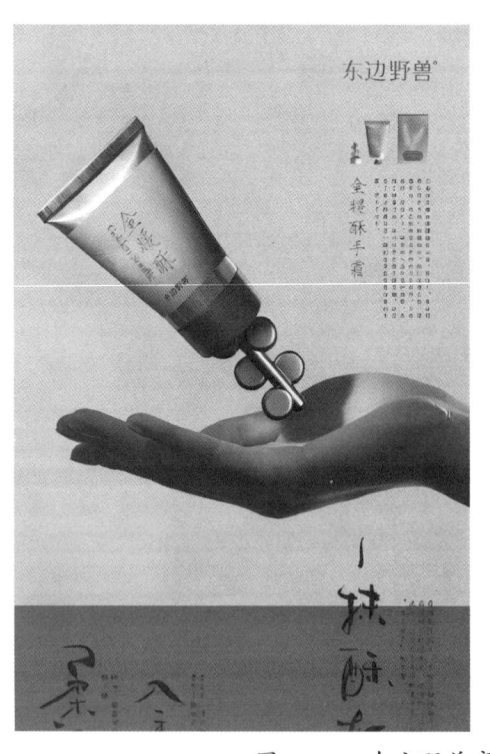

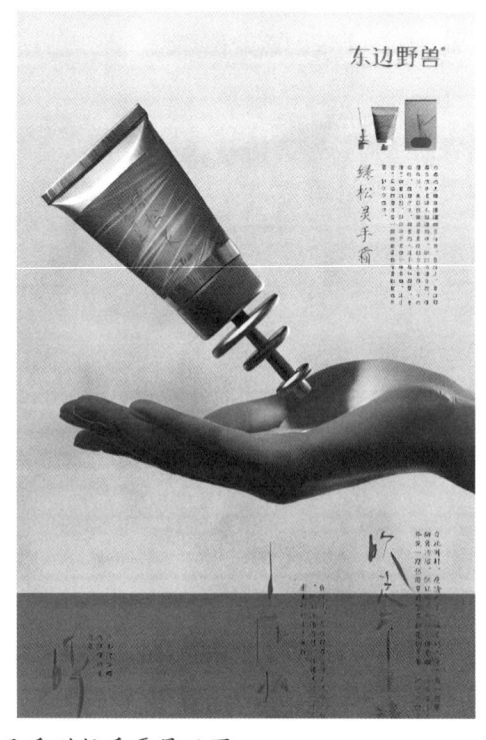

图 10-6　东方野兽高原双子系列护手霜展示图

三、个性化定制产品

在品质消费趋势下,群体呈现出多元自主等特点,更多消费者对品质和体验追求不断提高。基于新技术的广泛应用,个性化定制产品可以精准满足消费者需求,有利于促进供给与需求高效匹配。

这一趋势已经改变了行业的整体市场格局,将继续在时尚消费行业中发挥重要作用,满足多样化的消费需求,在各领域为消费者带来更多的选择和满意度。

国家药监局发布的《国家药监局综合司关于开展化妆品个性化服务试点工作的通知》指出从 2022 年 11 月开始,在上海、浙江等 5 地区实施为期 1 年的化妆品个性化服务试点工作。2023 年 4 月上海市药品监督管理局发布关于公开征求《上海市浦东新区普通化妆品现场个性化服务审查细则(试行)》(征求意见稿)意见的通知。在个性化服务的许可和产品备案管理等方面都给出了相应规定。新规的推出推动了定制化妆品品类创新,助力上海化妆品个性化服务项目快速发展。

在第五届进口博览会中,欧莱雅、资生堂、爱茉莉太平洋等品牌都有加码个性化定制的产品出现。爱茉莉太平洋展示了"入浴剂个人定制服务",可以根据用户情绪反馈定制泡澡球。

图 10-8 功能性化妆水即时定制仪"Formulary"

同时还推出了功能性化妆水即时定制仪"Formulary"，针对具体肌肤问题可以实时制造出拥有针对性功效的安瓶精华（图10-8）。

定制化宠物产品在消费市场的比例也不断上升，其根据宠物的品种、毛发类型、年龄、健康状况、口味偏好以及主人的要求，为宠物提供个性化的服务，包括但不仅限于为宠物定制特殊食谱、剪毛风格、洗护程序与美容护理产品并且针对健康状况和需求提供个性化的保健产品和营养补充剂等。

上海顶顺宠物用品有限公司，专注于中高端宠物营养食品的研究制造；以健康天然宠物食品为己任，致力于为全球爱宠的健康饮食生活精心服务，打造6益宠物营养体系——有益皮毛健康、有益新陈代谢、有益免疫提升、有益骨骼健康、有益心脏健康、有益抗衰老，并融入了系列宠物食品中，实现定制化专项狗粮产品（图10-9）。

图10-9 上海顶顺宠物用品有限公司定制化狗粮产品宣传图

此外，据《2022年中国健身行业数据报告》显示，以智能健身镜为代表的中小型智能居家健身设备备受青睐，并且迅速成为了健身领域的一大网红产品。如上海旷世电子科技有限公司推出的旷世 KUSET 魔镜，是一种创新的智能健身设备（图10-10），它结合了科技和健身的元素，为用户带来了全新的锻炼体验。健身房智能魔镜还可以提供个性化的训练方案。通过内置的智能算法和传感器，魔镜可以根据用户的身体状况、健康目标和锻炼需求，为用户量身定制专属的训练计划。

个性化定制是生活质量提高的显著表现，品牌通过数据分析和科技创新更深入地了解消费者，为他们提供量身定制的解决方案，满足不同消费诉求，从而提高消费者的体验感。

图 10-10　旷世 KUSET 智能健身镜产品图

四、数字虚拟产品

1. 数字设计产品

随着科技和数字经济的迅速发展，数字虚拟技术在各个领域均有广泛应用，消费者对数字虚拟产品保持高度关注，数字虚拟产品成为了时尚消费的前沿热点。

元宇宙、3D 虚拟设计、数字人产业等数字化产业在火热发展，既提高了设计自由度，也使设计师能够更便捷地创造修改设计。同时数字虚拟技术具有强大的社交媒体展示功能，用户可以利用这些技术轻松分享时尚选择，推动时尚社交的发展。上海百琪迈科技（集团）有限公司自主研发的 Aphro3D 虚拟试衣软件及 Aphromoda 全链路研发协同设计平台助力企业实现服装数字化转型，由传统设计模式走向数字设计。

除了数字设计开发的虚拟数字服饰外，百琪迈的 Aphro3D 虚拟试衣软件还衍生开发出了新元宇宙生态系统，目前已覆盖高仿真数字人、数字服饰、IP 联名、时尚合作、虚拟时尚秀场、沉浸式虚拟展厅、虚拟生活社区等维度（图 10-11、图 10-12）。

图 10-11 PGM 百琪迈虚拟服饰产品

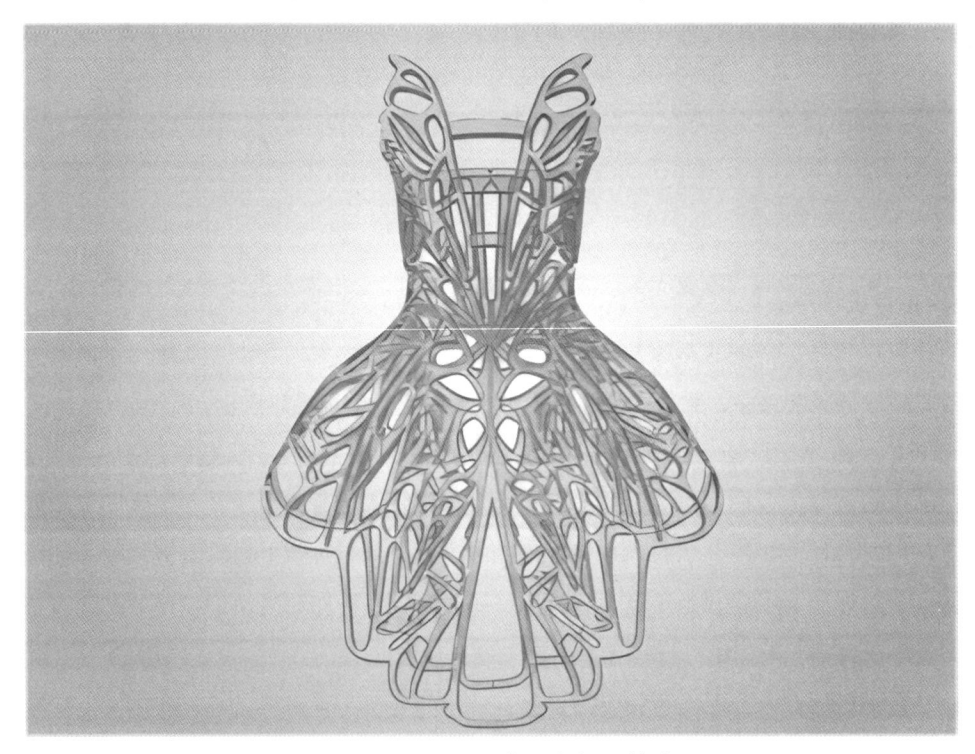

图 10-12 PGM 百琪迈虚拟服饰产品

2. 虚拟现实和增强现实技术产品

虚拟现实技术和增强现实技术产品中国市场已经步入快速发展期[1]，产品的产业链主要包含硬件、软件、内容制作与分发，以及下游应用与服务四大板块，其产品类目主要包含头显、手套、手柄、全息投影和智能眼镜等。

亮风台（上海）信息科技有限公司基于 HiAR 超实境智慧安全服务平台，以增强现实技术为核心，综合运用人工智能、大数据、云计算等新一代信息技术，完成了一套数字化、智慧化解决方案。其含有超强防护等级，支持 IP66 防护等级，应对恶劣工作环境；工业级双摄像头，眼镜端/手持端均配备工业级感光摄像头，互为补充，支持宽动态敏锐捕捉，逆光清晰；超高性能设计，优选 12 层任意阶线路板设计，性能稳定，充分为现场工作赋能（图 10-13）。

图 10-13　亮风台（上海）信息科技有限公司 HiAR G200 产品展示图

1　前瞻经济学人. 预见2022：《2022年中国虚拟现实（VR）行业全景图谱》[EB/OL].（2022-08-31）[2024-06-22]. https://baijiahao.baidu.com/s?for=pc&id=1742660165193113876&wfr=spider.

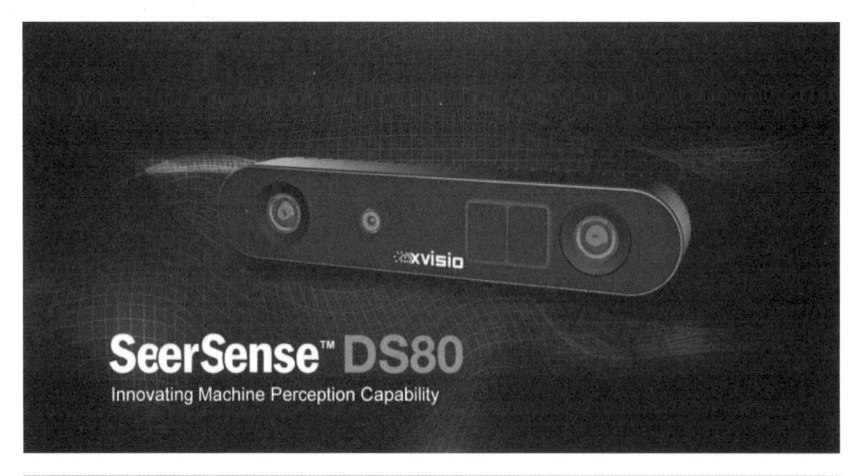

图 10-14　上海诠视传感技术有限公司产品 SeerSense™DS80 展示图

图 10-15　央祈（上海）电子科技有限公司全息柜产品展示图

在虚拟现实和增强现实领域，除可直接使用的产品外，构成产品的核心要素传感器和芯片，也在大力研发中。上海诠视传感技术有限公司专注空间感知交互核心技术（高速低延迟VSLAM技术）和产品的全栈式解决方案供应商，公司产品包括SeerSense™感知模组，应用场景涵盖机器人与AGV的导航、定位、避障、空间测量、三维成像、3D活体识别等，应用场景涵盖AR远程协作、AR作业指导及巡点检、AR数字医疗、AR数字文旅、AR教育培训、AR虚拟会议等众多领域。产品主要运用于室内外VSLAM深度感知和三维地图重建视觉AI和CV应用开发集成到OEM XR设备产品设计（图10-14）。

除了直接使用虚拟现实和增强现实技术实现产品研发外，虚拟现实也可以与沙盘模型等其他数字化技术相结合。例如央祈（上海）电子科技有限公司将沙盘模型与虚拟现实技术相结合，实现真实感的全息投影，给用户提供沉浸式体验。旗下产品全息柜通过幻影成像技术让展示品呈现三维立体特殊影像效果的展示设备，观众不需要佩戴任何偏光眼镜，能从全息柜任何一面看到展示空间自由飘浮的3D影像和图形（图10-15）。

虚拟现实技术和增强现实技术产品逐渐实现帮企业完成"互动营销"，增加用户体验感，让消费者置身于商家所打造的场景之中，深入触达消费者。

3. 数字艺术品

数字艺术品作为数字类目的潮流话题，引起众多消费者关注。通常所说的数字艺术产品是指由艺术家创作的数字艺术品，通过数字技术进行创作、编辑、存储和展示，创造出的数字藏品具有极高的艺术价值和收藏价值。数字艺术产品有很多种，如数字绘画、数字雕塑、数字插画、数字摄影等（图10-16）。数字艺术产品的创作和交易平台也有很多，如自贸数艺等。

2022年10月"带你走进NFT的奇幻世界"主题活动在上海世博文化公园原意大利馆举行，其中"元上艺术周"作为艺术上海博览会的重要组成部分，由诗意美学·元空间和艺术上海

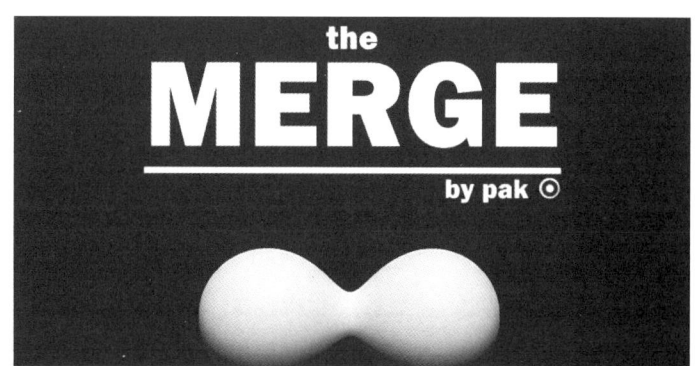

图10-16　数字艺术品展示图

图 10-17　杜海军艺术绘画展示图

共同呈现,将兵马俑和毕加索的和平鸽变成了联名潮玩,身穿铠甲的跪俑经过中国艺术家的二度创新,变得时髦。"窗——杜海军艺术展"观众除了欣赏展品实物,还可购买艺术家的 NFT 作品,并将多个作品进行合成(图 10-17)。

除 NFT 数字绘画艺术作品外,数字摄影艺术作品也是被消费者追捧的数字藏品。视觉中国依托在数字版权领域积累的 20 多年的版权内容、平台交易、技术创新优势,利用区块链的存证上链、智能合约等技术,充分发挥区块链的存证、共享、协作、信任的优势,推出"元视觉"平台,为视觉艺术数字藏品的艺术家、收藏家提供创作、保护、交易的全链条服务。其中纪实摄影家解海龙拍摄的希望工程标志性作品《我要上学(大眼睛女孩)》是向经典艺术作品以及"希望工程"那段伟大的历史进程致敬。

摄影家李舸与安徽泾县的国家级非遗传承人合作研发了既能打印照片、又能创作书法、集生熟属性于一纸的新型宣纸。他将摄影、绘画、书法、篆刻等多种艺术形式与古法定制的文房四宝、木牌竹简、烧陶制瓷等手工技艺巧妙融合,形成了摄影题材独特、书画创作独到、作品材质独创、原作版数独幅的新型跨界艺术作品(图 10-18)。

图 10-18　李舸数字艺术藏品《矩阵 THE MATRIX》

中国知名当代数字影像艺术家孙略创作的《雪花工场》系列作品上线"元视觉",他用算法模拟生成现实中雪花结晶过程。通过研究大量前人的水分子结晶的理论和相关算法,历经五次重写,才"生长"出来第一片雪花(图 10-19)。这并非一种简单的自然界结晶状态的记录,而是通过计算机程序再造了一种平行的、另外一个维度的秩序。

数字艺术品是一种新的艺术范式,因 Web3.0 而生,因区块链技术而潮,它既是资产化的艺术,也是艺术化的资产,更是未来元宇宙的落地场景之一。

图 10-19　孙略数字艺术藏品《雪花工场》

五、智能化产品

智能化技术正日益深刻地影响着各个行业，其中时尚消费品领域更是迎来了一场革命性的变革。智能化产品正在重新定义人们与时尚的互动方式，将科技与设计完美融合。

在这个时代，消费者不再仅仅关注产品的外观和质地，更注重智能技术如何为他们的生活带来便利和乐趣。品牌不仅需要关注时尚趋势，还需要紧密关注技术的创新，以满足不断演变的消费者期望。

以智能运动产品为主的全面运动风潮逐渐兴起，凭借其独特的属性和技术参数，智能化技术在运动优品的研发中起到越来越重要的作用。通过智能技术，用户得以跟踪运动数据，提高健身效果，简化使用步骤，使普通用户也可以快速掌握各种运动活动要求。

图 10-20 魅己韵动碟产品图

上海魅己智能科技有限公司在2022年9月申请韵动碟商标，推出魅己韵动碟，一套产品三个运动碟可以让用户随时随地运动，不在健身房时也可以进行运动。此外，此产品不受限于空间时间，不仅可以在平面甚至可以粘在墙上进行三维空间运动，满足不同层次的运动需求。此产品还可以连接手机蓝牙选择播放自己喜欢的歌曲，根据音乐的节奏感应器会出现红灯指引。专属的魅己app可以帮助记录运动数据，还有专业的学习视频让新手也可以轻松入门（图10-20）。

智能家居是以住宅为平台，利用综合布线技术、网络通信技术、安全防范技术、自动控制技术和音视频技术将家居生活有关的设施集成，构建高效的住宅设施与家庭日程事务的管理系统，提升家居安全性、便利性、舒适性和艺术性，并实现环保节能的居住环境。

国务院常务会议在《关于促进家居消费的若干措施》中指出要创新培育智能消费，支持企业运用物联网、云计算、人工智能等技术，加快智能家电、智能安防、智能照明、智能睡眠、智能康养和智能影音娱乐等家居产品研发。同时促进智能家居设备互联互通，建立健全标准体系，推动单品智能向全屋智能发展[1]。

---

1 中国政府网．家居焕新！有这些最新利好政策．[EB/OL]．（2023-07-19）[2024-06-22]. https://www.gov.cn/zhengce/202307/content_6892939.htm.

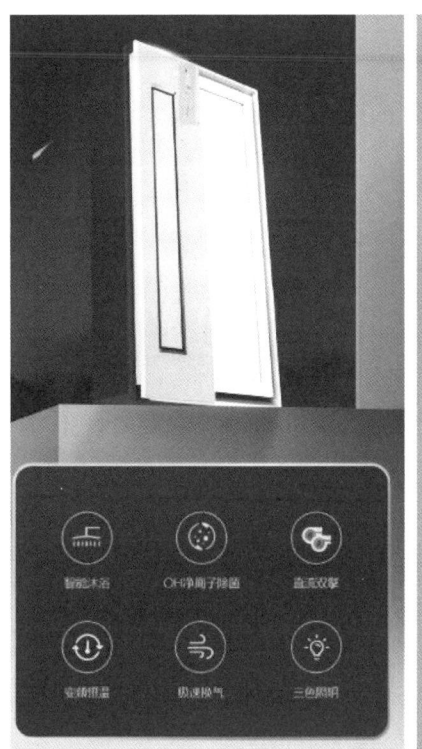

图 10-21　智擎浴霸产品宣传图

图 10-22　欧瑞博与东鹏控股宣布达成深度战略合作

目前中国智能家居市场已全面布局，在智能家居、智能灯具、智能音箱、智能打扫等方面充分研发相关产品。欧普照明股份有限公司全面推出智能家居产品，例如智擎浴霸，采用智能沐浴系统，2900w 超大功率的 PTC 和 171m³/h 的超大风量，可实现 1 分钟升温 11℃；同时采用直流变频无极调速技术，通过欧普专业研发算法自动调节功率大小，实现变频恒温，实时监测室内温度，自动调节风量，洗澡时无需手动调节温度（图 10-21）。

图 10-23 科大讯飞智能办公本 Air

智能家居通过自动化和半自动化的功能，使消费者生活质量极大提高，带给用户更舒适的使用体验。除上述智能家居功能化产品外，智能家居还能帮助用户提高生活的乐趣，例如智能音响、智能运动镜等。智能家居对于生活的意义不仅在于提高生活便利性、节省时间和精力，更重要的是提高生活品质、适应个性化需求，实现生活安全性和健康性。

智能与传统跨界融合，通过智能产品的融入，使共筑空间智能化的同时，向外打通家庭、出行、办公、教育、商业等领域，给用户带来更好的体验。

欧瑞博与东鹏控股于 2022 年宣布达成深度战略合作，双方充分结合东鹏控股作为国内领先整体家居解决方案提供商的多产业布局及科研实力，以及欧瑞博全屋智能的研发和创新优势，携手构建整体大家居智能系统与生态，为用户多样化的需求提供更加先进而完善的解决方案（图 10-22）。为积极响应国家数字化发展战略，推动家居智能化发展，此次合作中，双方将共同打造能够实现物联网化的科技新材料、智能化的陶瓷卫浴产品、欧瑞博超级智能面板及双方生态产品相互联通的 AIoT（Artificial Intelligence & Intelligence of Things）平台，构建面向全屋智能时代的整体大家居生态系统。欧瑞博与东鹏作为智能家居和整体家居的两大龙头企业，基于欧瑞博 HomeAI 的平台系统优势，在 AI、IOT 和大数据技术的加持下，丰富智能家居技术应用的生活场景，实现人和整体家居空间的全面连接，创造面向全屋智能时代全新的产品价值和用户价值。

办公场景智能化也越来越高。智能考勤、智能会议、智能语音助理、智能语音输入、智能翻译、智能日程安排、智能流程处理等。随着办公智能化的深度发展，配备语音识别、机器学习、计算机视觉等 AI 能力将成为智能办公产品的标准配备。BAT、科大讯飞等公司的 AI 平台也成为智能办公厂商 AI 赋能的首选伙伴（图 10-23）。

六、功能功效性产品

消费升级已经成为常态，而这种变化也意味着消费者对生活品质追求的提升。其对产品的期待变得愈加理智，品牌硬实力被置于更高的标准之上，对成分认知逐步加深，因此功能功效性产品逐渐成为近年来发展迅速的品类。

目前中国功效性护肤市场仍处于高速发展时期，2023年数据显示，中国功效性护肤品市场规模将突破千亿元，于整体护肤品市场的占比约为22.9%，展现出强大的发展态势。消费者需求从传统的基础护肤至功效护肤，再至功效护肤的衍生——精准护肤转变。上海拜思丽实业有限公司旗下第十四章Chapter XIV品牌团队始终站在原料护肤、成分护肤和功效护肤的前沿，结合创新的"精准护肤"研发体系，将功效性护肤品的维稳、抗衰、修护做到行业领先地位。预言面霜是第十四章将精准护肤理论实践的第一个产品，精准锚定皮肤通路、筛选活性成分，最后由专研开发的输送体系pCB12将活性成分的生物利用度提升180%，实现高生物利用度的精准输送，大幅提升功效成分利用率（图10-24）。

敏感肌同样是所有功效品牌都会涉足的赛道，而其中不止涉及舒缓、保湿、修复等基础功效，敏感肌消费者对于进阶功效的需求也不可忽视。上海澄穆坚持科研为本，旗下品牌至本以皮肤科学理论为基础，为敏弱和健康肌肤提供功效护理解决方案。品牌不断创新升级，在2024年升级了舒颜修护系列产品，提高了自研活性成分IGNIAREX®到1%，温和修护肌肤屏障，同时对抗敏感现象。配合多重舒缓修护成分和光感抗氧成分，多维度地提升轻敏肌肤状态。在舒缓修复的基础功效上，既能做到保湿也能调节水油平衡（图10-25）。

根据《2022母婴人群抗过敏白皮书》显示，超七成母婴人群遭受过敏问题困扰，其中儿童过敏反应常见且过敏性疾病患病率呈现逐年快速上升趋势，在消费市场端，数据同样印证了这一点。根据天猫国际和易观分析发布的《2023中国儿童防敏市场发展洞察》，中国儿童防敏零售市场过去五年复合增速达30%，预计2025年这一细分领域的市场规模将突破惊人的1000亿元。

此外针对儿童过敏此类问题困扰的人群，目前舒敏产品主要围绕婴儿护鼻类目、婴儿防虫类目、婴儿护肤等功效性展开。在上海爱乐孩子王实业有限公司旗下门店，已有不少舒敏产品入驻，包含鼻精灵贴、鼻精灵膏、鼻精灵海盐水等换季鼻腔护理爆款，以及鼻精灵驱蚊止痒二合一、鼻精灵止痒液等驱蚊线热销单品。其中鼻精灵止痒液坚持采用植物成分代替激素和药物，在快速止痒的同时，呵护宝贝的敏感肌肤；作为鼻精灵旗下当家驱蚊爆款的驱蚊止痒二合一产品，也将安全低敏进行到底，采用世卫组织认证安全的7%驱蚊酯替代常见的避蚊胺、派卡瑞丁等刺激性驱蚊成分。

纽强作为上海麦坤特医药科技有限公司旗下品牌，由上海交通大学医学院附属新华医院

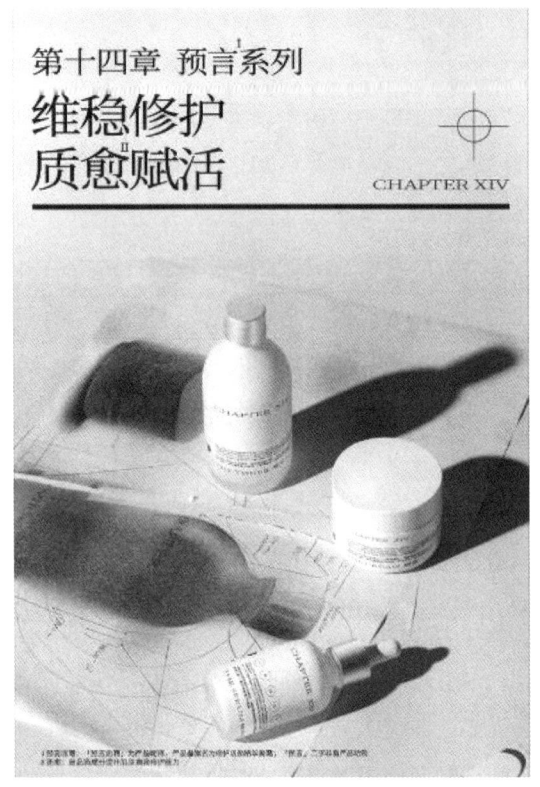

图 10-24　第十四章预言系列产品宣传图 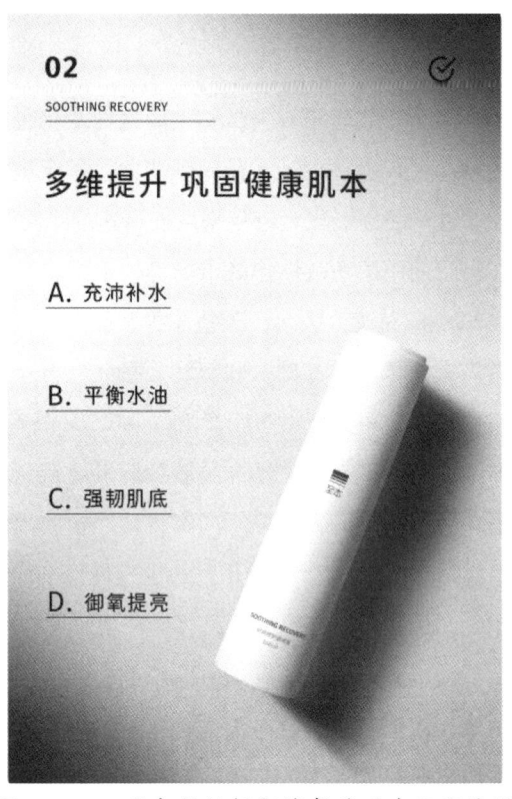　　图 10-25　至本新版舒颜修复系列产品宣传图

图 10-26　纽强婴幼儿舒敏润肤产品宣传图

与上海麦坤特医药科技有限公司联合研制，专为舒敏婴幼儿及儿童个人护理的婴幼儿及儿童润肤剂（图10-26）。其产品婴幼儿精华润肤乳主要采用滋润型配方，成分中添加神经酰胺NP、牛油果树果脂、角鲨烷、霍霍巴籽油等植物来源萃取精华，不产生有害副产物二恶烷，不添加香精、色素、矿油、激素、抗生素。

七、地域特色产品

作为国际文化大都市，上海一直致力于传统工艺美术的创新发展，其工艺精品有着其独特的海派气息。海派特色工艺品承载着上海这座城市的历史文化，以其精湛的工艺和深刻的文化内涵不断吸引着消费者的关注，逐渐成为行业消费热点。此类独具魅力的地域特色艺术品，给行业注入新的活力。

北京冬奥会的颁奖花束由官方赞助商恒源祥集团提供，这些"永不凋谢的奥运之花"采用海派绒线编结技艺制作而成（图10-27）。早在2009年"海派绒线编结技艺"已经正式被市政府列入上海市非物质文化遗产名录，上海的绒线编结不止作为城市精神的一种表现形式，也是海派文化成就的重要标志。

图10-27　冬奥会和冬残奥会颁奖花束

上海守白文化艺术有限公司推出多款海派剪纸夜灯。"时光·上海"将经典上海城市建筑群用海派剪纸技艺镂空，使其在柔光下徐徐晕开。在光影的交织中，可以看到老上海建筑的风华绝代，感受到上海人的精致格调，是独具一格的"海上风情"（图10-28）。

图 10-28　"时光上海"海派剪纸光影灯

与此同时，以家乡情怀为切入点的上海本土风味在消费决策中影响力日益增长，承载着更多主观情感表达的食品越来越受欢迎。早已入局的上海老字号餐饮也在不断创新、打磨自己。

拥有上海老饭店、绿波廊、德兴菜馆、松鹤楼、宁波汤团等十多个老字号品牌的豫园文化饮食集团集合数家老字号的经典美食，推出预制菜品牌"真尝家"。其主打产品之一是苏州松鹤楼的苏式汤面系列（图10-29）。其工艺采用真空和面技术使其充分混合均匀，再通过七道碾压技术让面体更加筋道，达到"锁鲜"效果的同时也能让口感更加贴近堂食风味。一包苏式半干面，一块大焖肉，一包汤料和蔬菜包，5分钟左右即可在家轻松复刻一碗松鹤楼的苏式焖肉面。除此以外，还有深受上海人喜爱的八宝辣酱、菌菇蚝汁等不同浇头可供选择。

国际品牌在入驻国内时十分注重对于地域文化、地域美食的发掘和创新利用。蓝瓶咖啡进驻上海后，于上海首店推出一份"小麻花、条头糕、绿豆糕"的老上海小食组合。而在张园店，则选择以自己的经典产品系列日华夫致敬当地，打造了特色的"葱油华夫"（图10-30）。这些都是蓝瓶在进入中国时所展现的诚意——最大化地挖掘在地文化并进行融合创新。

图 10-29　真尝家与松鹤楼联名推出的苏式焖肉面广告图

图 10-30　蓝瓶咖啡的上海限定小食：葱油华夫（左）与裕通小食（右）

八、高质价比产品

《2023年度消费新潜力白皮书》中研究表明2023年消费者收入预期态度较为消极，但对于品质需求并未降级，消费者更愿意选择质价比更高的产品，在一定程度上节约开支。理性消费趋势下，"性价比"成为核心决策要素。

各大品牌积极寻求应对策略，不仅打造强势核心"大单品"，以优质大单品"囤货"套组助推提升客单价。此外，品牌意识到不只是价格的竞争，而是价值的竞争，底层逻辑源于精细化运营和规模化效应，需要从供应链、原料等方面提升优质能力，从而在此基础上实现更低的价格。

为了以消费者为导向，做好高品质性价比产品，来伊份持续加强供应链能力建设，把实惠让利给消费者。来伊份与供应商在基地共建、技术赋能、工艺共创上进行优化升级，以此实现产能提升与降本增效，最后惠利用户，多款产品也通过供应链成本优化后售价进行了下调。针对消费者高频复购的产品，来伊份则通过增加原料收购量、改善生产工艺等方式进行成本优化与控制（图10-31）。

图10-31 来伊份零食组合大礼包宣传图

第十一章　上海时尚消费新场景
NEW SCENES OF FASHION CONSUMPTION IN SHANGHAI

一、传统线下场景

1. 设计师品牌实体店

上海作为国内知名品牌的孵化地和发展基地，不少本土品牌在此成型并开始崭露头角，拓展线下实体店甚至旗舰店并独立运营。对品牌而言，线下独立开设门店，能够更直接地接

图 11-1　CALVINLUO 在上海永嘉路开设全球首家旗舰店

触到消费者，强化品牌形象和感染力，同时也是品牌在"TO B"端或者线上销售触达瓶颈后的一种突破方式。

近年来，国内独立设计师品牌在上海纷纷开设独立门店，CALVINLUO 在上海永嘉路开设全球首家旗舰店（图 11-1）；可持续时尚品牌再造衣银行在上海今潮 8 弄设立首家概念旗舰店；ExtraOne 品牌首店在上海五原路亮相。

除了潮流街区和文艺街巷的独立门店，国内设计师品牌进驻购物中心和实体商场开设门店的热潮也同时掀起，如进驻上海前滩太古里的 MS MIN、上海港汇恒隆广场的 HIDEME 以及上海锦沧文华广场 SHUSHU/TONG 和 SHORT SENTENCE。这股热潮不仅反映了传统商业形态和消费市场对于中国原创设计品牌日益提高的接受度，更体现了国内本土设计品牌的崛起。这批成熟而独立的品牌成为了实体商场实现差异化定位、吸引优质客群的最佳业态选择。

2. 新型商业体

传统线下商业体也有一定变化，逐渐倾向于将消费者的生活体验和购物相结合，一改以消费者购买为首要目的的购物模式，更为多元地考虑体验感，充分实现时尚生活。

上海苏河湾万象天地项目以无边界、无压力、无目的理念，专注自然生态体验，打造具有城市影响力的文化艺术生活聚集地，而非单一购物目的性的商场。在开发建设过程中，苏

图 11-2　上海苏河湾万象天地展示图

河湾万象天地一并将上海两大老派建筑"慎余里"和"天后宫"修复成功，以"城市峡谷"为设计概念，结合历史、现代、未来等多元背景，将历史人文、绿色生态与零售体验融合，新建设的现代商业空间与历史建筑水乳交融，让人们在历史建筑与现代建筑之间游走，感受高品质的、具有历史韵味的消费体验，营造多元场景的开放性与公共性结合的空间。

项目将开放式公园与时尚生活相结合，把公园绿地开放式空间划分成"东里"——集合城市运动体验，"西里"——年轻潮流零售业态两部分，并平地起"廊"，打造了长达285米的天桥连廊将两部分在空中链接，无论在地上还是地下，顾客都能随意穿行，让消费者在购物时充分放松，体会轻松新奇的都市游逛乐趣，实现生活购物的高品质体验（图11-2）。

3. 时尚买手集合店

位于上海的新晋时尚买手集合店汇聚了各个领域的独特品牌，提供了更多多元化、一站式的时尚消费场景，优化购物体验。此类买手集合店代表了行业不断变革的最新成果，它们不断创新、精准定位，发掘小众化风格需求，消费者可以在此发现最新的潮流趋势、体验尖端技术与时尚产品。

2022 年 7 月，LOOKNOW 全新概念店——LOOKNOW &FLOW 开在了安福路与乌鲁木齐路的交叉口。LOOKNOW &FLOW 新店跳出以买手店坪效及销售逻辑为出发点的设计模式，将购物体验动线交给原始结构（图 11-3）。在服饰选品上，LOOKNOW &FLOW 也不再局限于设计感和时装性，加入了更先锋街头、大胆多元、Urban Life-style 的风格。

图 11-3 LOOKNOW &FLOW 店铺外景与内景

伦敦先锋买手品牌 MACHINE-A 的全球首家分店也在 2022 年正式于上海余姚路开业。MACHINE-A 此次登陆上海带领了许多的全球先锋品牌首次进驻中国，包括 Rick Owens、A-COLD-WALL* 等，比利时品牌 Raf Simons 也在 Machine-A 店内开设了上海第一家店中店。Machine-A 推崇实验性和无性别的零售策略，为旧街区注入新活力，两国的时尚、文化和创意在此交融碰撞（图 11-4）。

位于上海市徐汇区的三夫户外运动旗舰店，产品包括国内外户外运动品牌，始祖鸟、凯乐石、阿迪达斯、萨洛蒙等品牌一应俱全。从户外徒步、露营、登山、骑行、钓鱼等各种需求的消费者们都可以在这里完成一站式购物体验（图 11-5）。除了商品陈设区外，还设计了户外书籍阅读区域，给前来的户外运动爱好者们提供学习交流的区域。

图 11-4 MACHINE-A 店铺内景图

图 11-5 三夫户外运动旗舰店

2023年1月合生商业旗下首个高端项目MOHO正式亮相，覆盖美妆、美食、文化等多个领域。MOHO原创IP之一高端美妆艺享空间——MOHO BEAUTÉ在此前品牌官宣中亮相（图11-6）。作为新晋美妆圣地，独具风格的策展式选品、多年龄多性别的美妆理念、线上线下无缝隙的购物体验、重磅打造的沉浸式艺术展览空间，为消费者带来个性化美妆体验，致力于满足消费者"颜值至上，自由随性"的需求与向往。"2023年上海国际美妆节"也是在静安区MOHO成功举办。

图11-6　MOHO BEAUTÉ店铺展示图

时尚买手集合店在行业中展现出前所未有的活力和创意。它们不仅仅是作为商品的销售场所，更是一个交汇时尚、品味、社交与体验的新打卡点。这些集合店通过聚合多个品牌、提供个性化的服务、整合线上线下资源，为消费者创造了更为丰富多彩的购物体验。

4. 展会及时尚展示空间

展会及时尚展示空间不仅仅是商品陈列展示的场所，更是艺术、创意和消费体验的集中体现。其通过集中的空间呈现产品和文化内涵，创造独特的消费氛围，吸引消费者的眼球，激发购买意愿。

SSOT上海国际智慧办公展览会在上海新国际博览中心举行。展会聚焦于探索和定义未来的智慧办公,用智慧赋能行业发展,吸引了数万名行政领域行业精英到场参会。展会融合应用智慧办公、智慧地产、智慧设施管理、智能家居、智能建筑、智慧停车、智慧酒店、智慧校园、电力组件等领域的前沿产品及解决方案,四馆联动,一站式全业态体验。同期精彩论坛遍地开,100多场主题报告轮番上演,200余位政府代表、协会领导、企业高管和行业翘楚齐聚一堂,带来独特视角的观点与精彩的发言(图11-7)。

图11-7 SSOT上海国际智慧办公展览会

图 11-8　上海世界人工智能大会

图 11-9　华宝楼陈列展示

万众瞩目的上海世界人工智能大会也于 2022 年 9 月在上海世博会开幕。围绕"智联世界 元生无界"这一主题，行业专家、相关企业等就智能机器人、未来出行、城市管理等热点议题展开交流探讨。本次大会会期 3 天，展区面积 15000 平方米，参展企业 200 余家。本届人工智能大会上行业智能应用异军突起，元宇宙概念应用企业备受关注（图 11-8）。

豫园商城中的华宝楼曾是上海最早的古玩市场和上海规模最大的工艺品商厦，在经过升级改造之后于 2022 年初回归消费者视线。焕新后的华宝楼负一楼为"雅玩"，沿袭了老城隍庙市场闲适雅趣的淘宝生态，经营石刻石雕、玉石翡翠等。而三楼"赏会"变为灵活多变的展陈空间，是工艺美术语汇的发声场。该楼层展览空间之外，还设置了常态化的拍卖专场（图 11-9）。

展会及陈展空间都为时尚消费品提供了一个独特的展示和销售平台，让更多人有机会发现和购买这些独具匠心的作品。时尚展示空间与工艺美术的完美结合，不仅丰富了消费者的文化体验，也在工艺精品行业的发展中成为热点趋势。

二、线下特色场景

1. 限时快闪体验店及体验空间

消费者越来越寻求与众不同的购物体验，渴望获得无法在传统零售店中找到的感受。线下限时体验店提供了这种机会，它们通常提供与品牌或主题相关的特殊体验和商品。线下限时体验店通常注重沉浸式体验，突破了传统实体店的模式，以短期租赁、创意布局和限时促销为特色，提供与品牌或主题相关的互动展示、装置艺术、虚拟现实元素或其他创意性的设计，让消费者更深入地体验品牌文化，为消费者带来了新颖的购物乐趣。在城市的繁华商圈和购物中心，这些限时体验店以其独特性、瞬时性和互动性，吸引了大量消费者的目光。

上海丽知旗下品牌 INTO YOU 与可口可乐一起以"快乐冒泡"为主题打造了为期一周的联名主题快闪店，快乐冒泡主题快闪采取了"色彩 + 产品 +DIY"的组合进行内容布局。整体空间共分为灵感气泡、色彩工厂、梦想之地三个区域，三大空间版块依次满足品牌陈列联名新品"可口可乐系列彩妆"、大众随意试色和打卡拍照的双向需求（图 11-10）。消费者不仅可以体验联名产品的妆感与色彩，还可以记录快乐瞬间。

图 11-10 INTO YOU 与可口可乐联名主题快闪店

滔搏携手 JORDAN 品牌共同为消费者打造的 JORDAN 淮海限时体验店是 JORDAN 全球首家限时体验店。其坐落于淮海路商圈的历史文物保护建筑"丰盛·尚贤坊"。与以往的 JORDAN 旗舰店不同，JORDAN 淮海限时体验店打破传统定义，对零售体验空间进行再革新（图 11-11）。空间设计颠覆了过去以"篮球运动"为主题的设计风格，运用多种创新形式打造代表 JORDAN 品牌前沿性的"街头文化"，展现更广义的潮流文化理念的同时，为消费者带来丰富、专业的潮流尖货，和极致的专属服务体验，以满足年轻一代对运动、穿搭等多方面的个性化需求。

图 11-11　JORDAN 淮海限时体验店

线下快闪店随着宏观环境的改善，正迅速崭露头角。它们突破了传统店铺的限制，为品牌提供了更多展示和销售产品的机会。这种新地标风貌促使品牌更加注重创新、互动，为品牌和消费者创造更多精彩新颖的时尚体验。

除了线下快闪体验类店铺，还有许多体验类场馆空间，例如科技智能体验馆、工艺研学体验空间等。此类场景不仅满足了时尚消费者对创新和娱乐的需求，还为城市注入了新鲜和前卫的氛围。这些馆的独特性和吸引力有望进一步推动上海的时尚和文化发展。科技智能限时体验馆是一种结合了科技和互动元素的临时性展览或体验场所。这些馆通常旨在提供独特、创新和令人兴奋的科技体验，吸引观众参观、互动和学习。

2022 年在上海移动杨浦滨江营业厅大楼一层，上海移动智慧家庭体验馆开馆，通过模拟实际应用场景，展出了多款实用的智能设备，同步上线全屋千兆的超快网络服务。用智能门锁进屋，厨房上方装着烟雾和煤气传感器，隐形布线的全光 Wi-Fi 路由保障了客厅中 8K 电视的流畅播放（图 11-12）。这是智慧家庭体验馆以"样板间"的形式，让用户体验"云端数智生活"的创新和便利。以此为样板，不断提升居民数字云生活的获得感、幸福感和安全感。

图 11-12　上海移动智慧家庭体验馆开馆

由上海汽车博物馆、智能汽车体验科普教育基地等组成的旅游线路，被选为上海市首批科普旅游线路。其中上海智能汽车体验科普教育基地位于嘉定区博园路 7575 号，有未来汽车、未来交通、未来能源和未来生活四大主题体验区，以先进的技术全面展示未来高科技智能生活（图 11-13）。智能汽车体验科普教育基地还将结合智能网联、智慧交通、智慧生活等现有技术，通过明确科普主题、优化科普手段、强化科技体验、丰富娱乐互动等手段，打造国内最超前、最专业、最科幻的科普体验区。

体验研学空间则是文化交流和创意碰撞的平台。在提供手工体验的同时，促进了工艺美术的推广和发展。消费者可以在这里近距离欣赏工艺美术作品，了解工艺制作过程，亲自参与工艺体验。

图 11-13　上海智能汽车体验科普教育基地

　　漆栖非遗文化青年中心是上海首家国家非遗脱胎漆器文化体验馆，主体建筑空间共有三层，集非遗展览、漆艺体验、文化民宿、户外休闲等多功能于一身，是一个融合建筑与自然、现代与古典的文化深度体验空间（图 11-14）。文化中心旨在通过非遗讲座、漆艺体验课等方式推广大漆文化，此外还希望通过吸引国内外青年大漆艺术家入驻平台，举办个展和联展，推动青年艺术家的职业发展，将古典非遗传承、发扬，不断精进。通过这种方式增加青年人的文化自信，并且鼓励越来越多的青年人走进乡村，为乡村经济的振兴和发展添砖加瓦。

图 11-14　漆栖非遗文化青年中心

在此消费者不仅可以欣赏到精湛的工艺技艺，还能亲身参与到工艺品的制作过程中，深入了解传统工艺的精髓。这种线下体验不仅满足了消费者对艺术和文化的渴望，还加深了人们对工艺美术的理解和热爱。

2. 时尚生活复合型地标

现今商业办公复合型业态实体场景发展快速，此类涵盖新零售购物、办公、文创等方面，将时尚的体验贯彻在生活的方方面面。

现所·创邑 MIX 以"年轻、潮流、时尚"为定位，依托虹桥天都原有裙楼物业，倾力打造区域内首个商业办公复合型潮流地标。其把地下一层至地上三层作为商业区域，打造创新零售场景。而地上四层至五层作为办公区域，主要面向科技、设计、文创等领域企业（图 11-15）。针对虹桥商圈"二元结构"现状，辐射以该项目为中心的城市商圈，引领片区成为具有国际前瞻性的人民共建居住区，为消费者带来一站式的时尚化生活体验。

图 11-15　现所·创邑 MIX 展示图

鸿寿坊作为商业建筑面积仅 1.5 万平方米的小体量项目，在设计之初便明确要做深度融入社区的"小而美"商业体。项目整体外观呈典型的二层砖木结构石库门里弄住宅（图 11-16）。写字楼和多栋商业"围合"成一个整体商业空间，既拥有沿街的商业展示面，又形成中间的广场作为人们停留聚集的主要场地，广场上多家餐厅的外摆增添了闲适气息，形成多尺度、多功能复合的社区形态。

图 11-16　鸿寿坊社区商业体展示图

3. 科创主场及乐园

2022 年，上海发布了《数都上海 2035》白皮书，随着上海驶入城市数字化转型"高速路"，一个"国际数字之都"的形象正在逐渐树立起来。

张江科学会堂作为上海数字化转型中建设的建筑，具有代表性。张江科学会堂总建筑面积 11.5 万平方米、幕墙面积 5.2 万平方米、1 万多种规格的瓷板共 3 万余片、用钢总量 1.9 万吨、结构最大跨度 68.5 米。会堂采用的十三种复杂的幕墙系统，都有着各自的施工代码和技术内涵（图 11-17）。

图 11-17　张江科学会堂展示图

短短 4 个月，张江科学会堂举办了张江科学城建设发展 30 周年座谈会、2022 世界人工智能大会浦东分会场等数十场会议、活动。2022 世界人工智能大会浦东分会场是张江科学会堂的"首秀"，在这里，许多人驻足在由 Tiamat 团队带来的一幅元宇宙数字绘画作品面前。

张江科学会堂逐渐成为上海浦东数字交流聚集地。2022 年《IT 时报》首次评选出"魔都数字十景"，张江科学会堂名列首位。

此外，超体空间作为数字化生活消费的重要展现方式和消费者能迅速融入的数字化的切入点，近年来颇受重视。坐落在迪士尼小镇的"超体空间 SoReal VR"是由当红齐天打造的大型全沉浸式 XR 体验项目（图 11-18），其融合了 SoReal 在 VR、5G、AI 和边缘计算等前沿创新科技领域的积累。该项目以西游 IP 为主题贯穿体验全程，提供了 3 款大空间行走多人沉浸式 VR 互动体验，6 大 XR 创新载具体验，以及沉浸式艺术空间光影秀，并集合了新型社交餐饮、潮流艺术购物等空间，满足到访游客的多种娱乐体验需求。在解决 XR 乐园面临的棘手技术挑战的同时，为乐园体验注入全新活力，让游客能够尽享全感官沉浸式娱乐体验。

XR 乐园通过技术赋能，为游客带来现实与虚拟无缝连接的颠覆性全感官体验，新一轮产业革命和科技革命为文旅行业的创新、转型提供了思路，传统的文旅产业运营方式不断被颠覆，催生出一批新产业、新模式、新业态，给消费者带来更多的消费体验。

图 11-18　上海迪士尼超体空间 SoReal VR 展示图

三、线上数字场景

元宇宙虚拟空间为行业带来了新的商机和消费场景，它融合了数字科技、虚拟现实和互动性，为品牌创造了更广泛和深入的参与度，也提供了创新的销售渠道。这一全新的互动平台，可以提供更丰富的数字时尚体验，为品牌建立数字社交和互动的机会。玩家们可以与品牌互动、分享他们的虚拟体验，甚至参与品牌的创意活动。这促进了品牌与消费者之间更深层次的互动和联系，消费者不再仅仅是购买产品，而是参与到品牌故事和创意之中，增强了品牌忠诚度。

2022 年，古驰（GUCCI）在游戏平台 Roblox 上推出了一个永久性的虚拟空间——Gucci Town（图 11-19）。这是一个互动中心，里面有迷你游戏、咖啡馆和一个出售古驰（GUCCI）服装用于装扮游戏化身的虚拟商店。玩家们还可以在虚拟广场上制作自己的艺术作品、探索名为 Vault Plaza 的展览空间，并获得 GG Gems 奖励。

图 11-19　虚拟空间 Gucci Town 的鸟瞰图

Gucci Town 中的 Gucci Shop 是一家精品店，玩家可以在这里购买古驰（GUCCI）的虚拟产品，包括 Michele 设计的 Gucci Blondie 和限量版收藏品。其中的数字服饰产品充分利用了 Roblox 最近推出的"分层服装"技术，这是适合用于任何头像、体型的超逼真的 3D 服装。这种"分层服装"技术与现实世界中的贴合和垂坠方式非常相似。

天猫 APP 也新上线了"元宇宙购物"，带来线上场景化消费。升级版的 APP 更新了 3D 沉浸场景购物、AR 试穿试戴、3D 产品展示、艺术看展、户外漫游等新功能，并打造出"未来城"虚拟商业街及户外运动体验场景。如用户进入露营营地，可以查看户外帐篷、折叠桌椅等（图 11-20）。通过点击虚拟商品，既有详细商品介绍，用户也可以手动拖动产品大小，360°查看商品材质细节。

智能用品行业的线下体验不可完全被线上内容替代，因此智能用品新零售需要线上线下互补融合。创新消费场景可利用通过数字技术，为用户提供更加真实、便利的购物环境和购物体验。

图 11-20 天猫元宇宙户外运动购物场景

  宜家紧抓潮流热点，推出一款可以帮助消费者选购家具、优化室内设计的 AI 工具（图 11-21）。用户使用这个软件扫描房间以后，可以在虚拟场景中删除现有家具，重新放置虚拟的宜家家具，从而更直观地查看设计效果，或者与他人分享设计灵感。此外宜家还推出 IKEA VR Experience 头显，用户戴上头显，可以在应用中用宜家的家具布置一个属于自己的厨房，试用其中三种装饰风格，然后置身其中漫步欣赏，并通过点击可以更换橱柜和抽屉的颜色。

  同时在这一数字潮流推动下，众多公司将线下实物线上化，促进消费者感官体验，其中包括数字交易新平台、元宇宙 NFT 艺术交易平台等新消费场景。

图 11-21　宜家 AI 工具

"ARK 元宇宙办公平台"是上海与你信息科技有限公司打造的国内首家元宇宙办公平台，可以为企业在远程协作中轻松打造真实连接、沉浸感，建立 3D 虚拟空间、Avatar 形象交互、Work os 等一整套高效率组织协作方式。现阶段，该平台深耕中国客户真实需求，也开拓出"ARK 元宇宙商业世界"，为虚拟展会、会议、教育培训、文旅等元宇宙未来商业带来更多价值体验（图 11-22）。

ARK 元宇宙商业世界，目前开发出的场景系列包括陆地、海洋、城市、宇宙、星际等多个场景，其目的是为用户提供多样化的虚拟体验（图 11-23）。其中，最近上新的场景是宇宙系列的 Galaxy 场景，其是一个充满科幻感的虚拟空间，为 ARK 元宇宙提供了更多的商业机会。

目前 ARK 元宇宙可在虚拟广告、线上展览、演出等领域中发挥更多的商业价值。通过定制化选项和多人在线功能等特点，在新场景中进行推广，让客户获得更多曝光。

品牌的创意内容借助数字技术得以在虚拟空间实现，让用户在新的场景以新的方式感受品牌故事，对品牌产生情感和忠诚度，其本质上是智能科技和品牌体验的结合。在建立虚拟体验空间进行品牌传播的基础上，品牌还开始构建虚拟商店进行商品售卖。总的来说，未来随着技术的不断发展和消费者对数字时尚体验的需求增加，时尚消费品行业中的线上数字场景有望进一步扩展和发展。

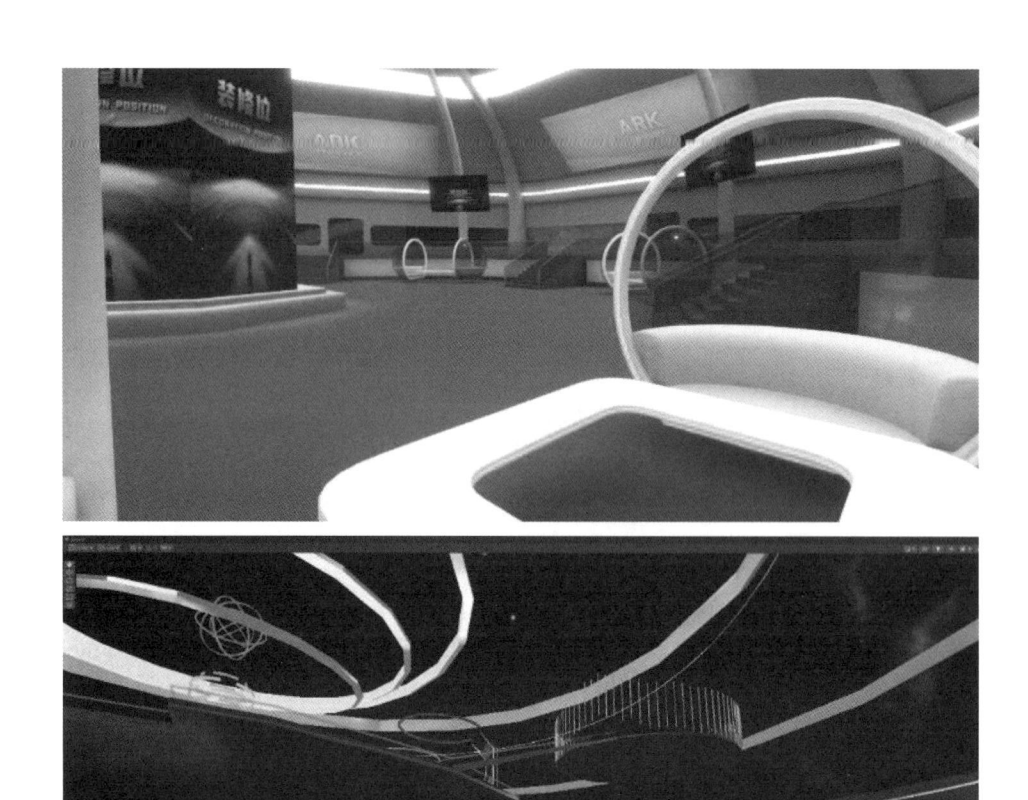

图 11-22　ARK 元宇宙办公平台展示图

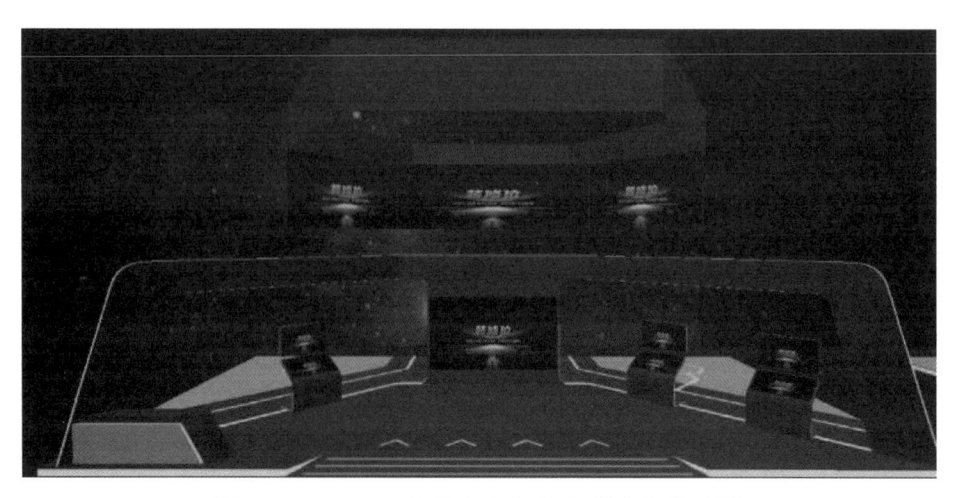

图 11-23　ARK 元宇宙办公平台商业化展示图

第十二章　上海时尚消费新模式
NEW FASHION CONSUMPTION MODEL IN SHANGHAI

一、跨界联名合作

产业的跨界融合为领域带来了新的活力和创新，各行业大小企业之间进行融合合作，双方联合共赢。这一趋势将继续推动行业持续发展，使得时尚消费品成为连接着传统与现代、艺术与商业、创造与创新等多个领域之间的桥梁。跨界可以鼓励品牌和行业之间的创新和创意。不同领域的专业知识结合在一起，可以创造出独特和令人兴奋的产品或服务。双方依托产业优势，持续深化合作，随着合作提质升级，这种合作有助于品牌在市场上保持新鲜和吸引人的形象，同时也为消费者提供了更多多样化的选择。

作为照明行业的标杆品牌欧普照明助力华为打造了全屋智能全场景智慧体验场馆及灯光音乐秀展区，用光影和陪伴式音乐呈现高品质的智能舒适生活，让消费者沉浸式体验欧普照明在智能照明领域的领先实力。在华为全屋智能展区，欧普照明子系统全面接入鸿蒙系统，为用户打造健康、时尚、科技、专业的多场景智能照明解决方案（图12-1）。不同于其他家居设备仅仅存在于单个家居场景，照明的需求存在于家的每个空间，并且已经成为家居生活中必不可少的一部分。欧普智能灯光在润物细无声中，与客、餐、卧、浴、室等全空间融为一体，营造出了健康的智慧生活情景。

上海公共艺术协同创新中心（PACC）积极推动非遗传承与品牌的交流合作，孵化了一批长三角地区有故事的跨界作品。其中长三角传统工艺研修班学员紫砂陶制作技艺传承人王志刚与玻璃艺术家郑珊珊牵手跨界创作，探索两种传统工艺技艺的结合，材料与材料之间的碰撞与突破，将紫砂与琉璃两种材质完美创新融合（图12-2）。

在2023"小囡梦蝶"东方美学时尚大秀中，中国本土高级定制婉珺玺品牌创始人叶青携手PACC驻地非遗传承人林花，将承载了海派文化的精湛手工艺——上海莘庄钩针编结技艺，

图 12-1　华为中国家电及消费电子博览会展位图

图 12-2　王志刚与郑珊珊跨界创作紫砂玻璃茶具

融入时装设计中,在常规的钩针编结基础上突破创新,让中国传统文化借以时装完成了活色生姿的当代表达(图12-3)。

单靠品牌自身营销,吸引更多消费者认知品牌是较为困难的。所以与知名IP或其余热门品牌联名向来是业内热点,可以吸引不同领域的目标受众,将不同领域的消费者引入品牌的生态系统中。这有助于品牌扩大市场份额,吸引新的潜在客户。联名结合"限量"的营销方式可以帮助品牌提高自身热度,激发消费者购买欲。

林清轩作为国产高端护肤品类中的代表力量,在2022年8月与一大文创共同推出"印记山茶花礼盒""印象石库门口红礼盒"两款联名礼盒,这是一大文创首次跨界美妆,通过将东方美学倾注红色IP,彰显了百年光辉与时代国潮融合共生,红色文化与东方美学相得益彰(图12-4)。

此外,橘朵于2024年也不断有跨界联动,于3月与科技数码潮牌华硕a豆打破美学次元,

图12-3 中国本土高定品牌WJX婉珺玺秀场图

推出联名闪光礼盒。潮流数码和时尚彩妆的新式组合是一次大胆的破圈创新，不仅集合了品牌各自的魅力且契合生活多元需求。同年4月，橘朵与南京红山森林动物园同样跨界携手，推出全新萌趣动物"有生气"联名彩妆系列，以小动物生气萌态为灵感，特别定制系列彩妆产品，通过趣味的包装设计和新颖的色彩搭配，展现出这些动物独特的美感和生命力。同时，所有产品外包装都采用了FSC®认证的"可回收，可降解，可再生"环保材质（图12-5）。

2022年12月回力鞋业推出中国回力 X CF 穿越火线联名系列，让消费者重回青春。回力提出"青春用不着太多堆砌，它永远干净简单，像记忆里那双百搭的鞋，只用一步，就穿回从前的我们"。回力鞋业致力于带动消费者在现实世界中，穿着回力，带着青春的回忆，热血出发的初心情怀。通过这样的联名方式唤起消费者们对青春的回忆，以及吸引不同领域的受众消费者们。并于2023年春节之际，邀请京A精酿与旗下全新定位升级品牌回力1927合作，突破次元壁大玩跨界，在未知中创造新的风味惊喜的京A精酿，为经典鞋履注入潮流先锋设计的回力1927（图12-6）。

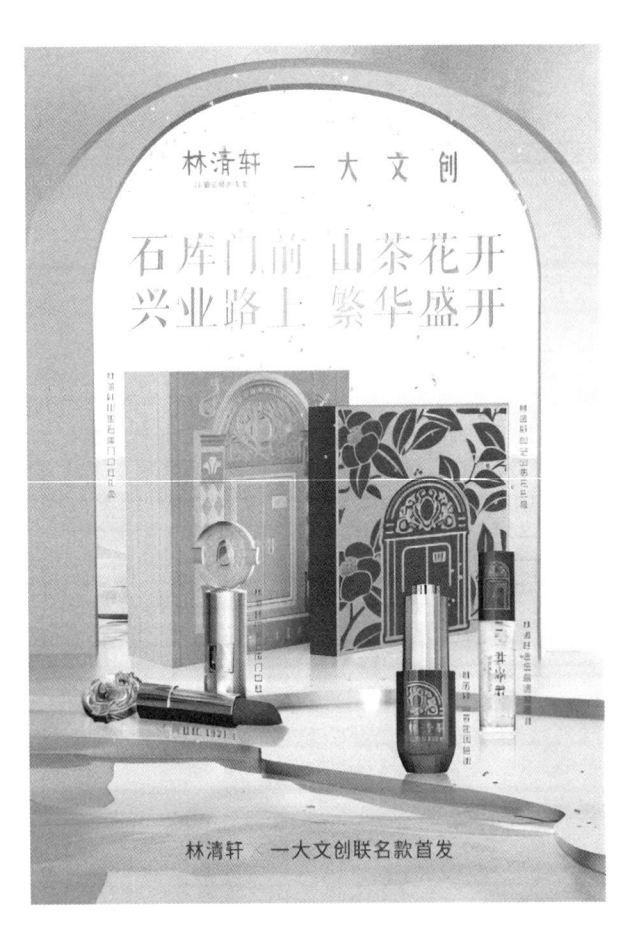

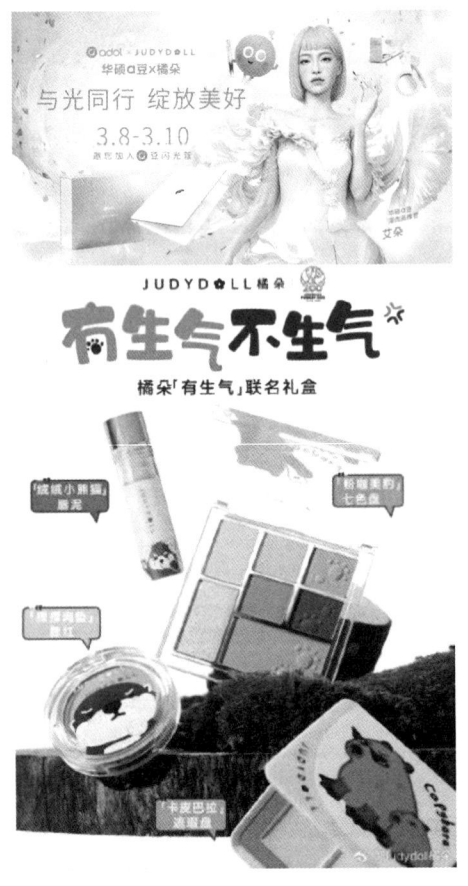

图12-4　林清轩×一大文创联名款礼盒宣传图

图12-5　橘朵相关联名宣传图

图 12-6　回力联名系列宣传图

跨界联名双方可吸收相互的品牌热度，吸引感兴趣的消费者，为双方品牌引流。与其他行业、其他产品强强联合，建立联系，这也将是今后营销的发展趋势。

二、全链路营销及消费服务

KolRank 数据库显示，社交媒体种草的比例在成交过程中成为重大决策点。因此，将明星代言与网红流量相结合，种草产品，激发购买兴趣，再通过促销活动等强化消费者的购买欲望，从而至电商平台达到成交转化这一模式在化妆美品行业领域日益受到青睐。它融合了明星效应和社交媒体的强大推广力量,以促使消费者更积极地采取购买行动。

社交媒体增强了消费者的互动和参与感。在社交媒体平台上,消费者可以与品牌和其他消费者进行直接的互动,分享他们的购物体验和看法,这种互动不仅使消费者感到被重视,还帮助品牌建立更加紧密的关系。

BUTTERFUL & CREAMOROUS(黄油与面包)品牌通过社交媒体实现一系列消费营销。从小红书开始,运用 KOL 进行传播推广,推广重点主要围绕产品外观、店内装潢、品牌艳丽的绿色包装展开,引起无数消费者线下追捧和打卡(图 12-7)。

图 12-7 BUTTERFUL & CREAMOROUS 小红书相关搜索页面

在社交媒体深度触达消费生活后,电商流量是这一模式全链路打通的关键。品牌需要确保从明星或网红的种草、产品介绍、试用演示,到最终消费者可以在社交媒体上直接购买商品或服务的无缝连接。这可以通过在社交媒体上提供购买链接、与电商平台合作等来实现。这种全链路的打通使消费者能够在受到影响和激发后,迅速找到购买产品的途径,从而提高了购买转化率。自然堂、百雀羚等品牌营销矩阵全域释放,无论是创意热店、情感营销,还是 KOL 铺排,优质内容加多渠道释放的策略让这些品牌成为了国货中的"网红"。自然堂凝时鲜颜肌活修护精华液在微博、小红书、抖音上被众多 KOL 疯狂安利,其话题性在微博话题榜上四天保持第一，阅读量高达 20.7 亿。后续发起的"#走出去，自然要放肆美""#春日户外"营销活动，更是紧抓春日"自然"流量，微博话题霸屏，话题阅读量超过 9000 万。同话题在小红书获得超过 169 万浏览。自然堂抓住了多平台潮流趋势，通过产品机会洞察与合理的营销资源组合，达成消费人群的焕新和破圈。

充分利用社交媒体和电子商务的优势，确保购买流程的流畅性，可以更好地吸引并转化消费者，提高销售和市场份额。这一趋势预计将在未来继续影响行业，推动更多品牌采用类似的策略。

此外，客户服务也已成为消费者购买消费的重要参考范围，因此众多企业，除在保证产品研发外，充分考虑产品的客户服务和保修链路服务，并以此为重点打开时尚消费的新模式。

对于完善客户服务有助于增强消费者对产品的购买满意度，提高企业的品牌形象，增强企业的市场竞争力。欧普照明股份有限公司坚持以用户为中心的服务原则，完善售后联保服务：七天内有质量问题免费退换；十五天内有质量问题免费换新；质保期内免费上门维修；优享欧普焕新；产品超过质保期，依然可以享受欧普上门服务。同时可支持公开查询线下售后服务店铺地址和支持线上咨询（图 12-8）。

图 12-8 欧普照明股份有限公司售后服务

除此外，为消费者打造良好购物体验，上海宜家家居有限公司实现一站式客户导航。客户可以通过搜索关键词，快速找到所需的产品；通过"宜家家居App"扫描二维码，轻松获得产品信息；通过在线客服或电话服务，获得专业服务支持；通过电子邮件或社交媒体，随时联系宜家客服；通过售后服务，获得全面家居解决方案。

通过一站式客户导航，客户可以轻松获得宜家家居有限公司的全方位服务支持，提高购物体验。上海宜家家居有限公司在售后方面为客户提供送货服务、组装服务和相应的退货政策（60天内退货，宜家俱乐部会员可在365天内），所有内容均可在线上查询，让消费者有保障地购买相关产品（图12-9）。

图12-9　上海宜家家居有限公司客户服务

品牌的信任度是建立品牌忠诚度的关键因素之一。完善的客户端服务通过提高消费者的购物体验、增加信任度、提高购物安全性、增强售后服务保障和提高购物便捷性，从而为消费者带来更好的购物体验和更多的价值，是消费新模式的重要体验。

三、专享定制化服务满足个性化需求

传统的批量生产模式难以满足人们日益增长的个性化需求。而现在，随着技术的进步，定制化服务成为了新型消费模式的一种重要表现形式。消费者可以根据自己的需求和喜好，定制独一无二的产品或服务，从而获得更加满意的体验。

星巴克中国宣布携手美团推出"1971客厅"专属空间服务，尝试通过数字化转型创新来释放第三空间的魅力、挖掘空间增值服务的潜能。"1971客厅"是星巴克中国首次推出的专属空间服务，消费者可通过美团旗下美团 App 和大众点评 App 预订星巴克门店中的专属空间提供个性化的场景与功能。顾客可通过美团预定"咖啡局"、会议空间、查看门店活动日历、查找最爱门店与门店明星咖啡师等。"1971客厅"旨在满足每位顾客如聚会、会议、工作、学习等日益个性化的空间需求，并通过美团这样的数字化生活服务综合平台，帮助顾客找到并预订最符合自己需求的那家"第三空间"，享用全新的场景服务（图12-10）。

此空间服务在业内外引起了广泛关注，这种消费服务的新模式展现了餐饮服务业在数字化时代满足消费者日益多元化、个性化的空间需求的创新。线上平台通过技术和服务能力的提升，对于线下消费服务可以起到放大的作用，打通线上和线下的体验，形成叠加效应。

"美的空气智慧管家"则整合了空调、电扇和空气净化器等产品，不仅提供天气和空气信息给用户，还能记忆用户的生活习惯，主动为家庭创造舒适、惬意的空气环境，实现低碳经济生活。美的全屋智能通过深度控制家电、个性化服务、情境感知等技术手段，为用户打造定制化的智能生活（图12-11）。无论是学生还是上班族，无论是阅读还是工作，美的全屋智能都能根据不同的需求提供最符合个人喜好的智能情境服务。

岚图作为东风集团打造的高端新能源汽车品牌，对汽车高端化作了全面探索，发布个性化定制生态致力于满足用户个性化、高端化用车需求（图12-12）。岚图汽车个性化定制生态提供"前装"和"后装"两种服务。其中，前装满足用户共性需求，由岚图与用户、生态伙伴在量产前一同共创，经过专业调校和设计后不仅可以提高

图 12-10 星巴克"1971客厅"空间预定界面

车辆颜值，更好地符合用户审美，同时还能在性能操控上实现更好地平衡。后装是岚图基于量产车，满足用户的个性化需求，提供如套件定制、精品定制等在内的定制化方案。

定制化服务的消费模式不仅优化满足了消费者的需求，提高消费者满意度，为企业带来了更多生机的同时让生产逐渐变得更加高效和经济。

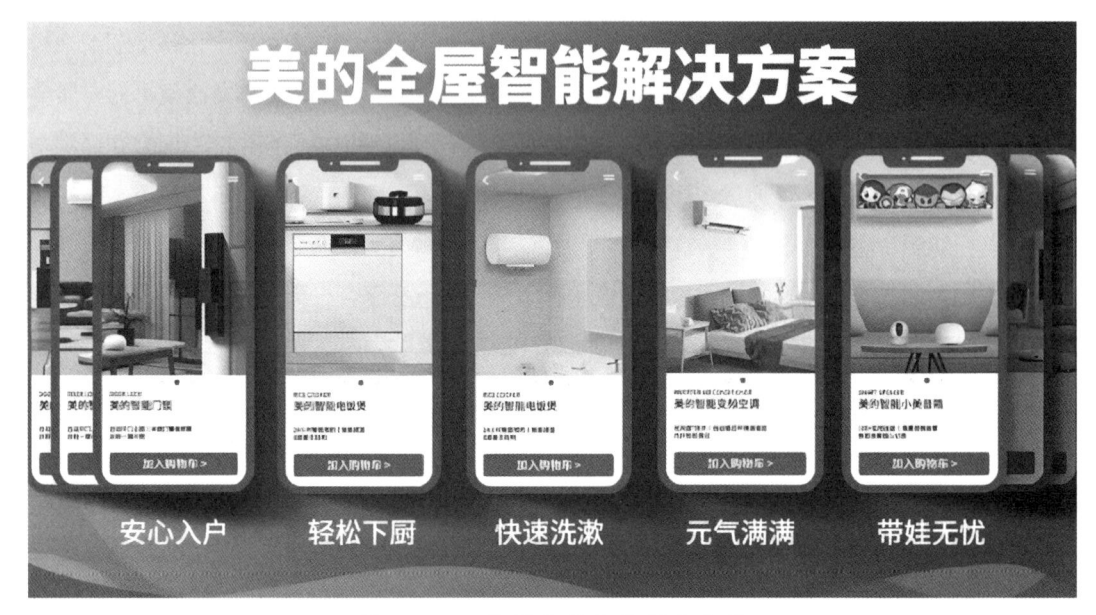

图 12-11　美的全屋智能解决方案

图 12-12　岚图汽车展示图

四、全场景协同

随着业务使用场景的延伸及终端形态的多样化发展，不同工作场景下高效实现工具的切换、降低内部独立系统的维护成本成为亟待解决的问题。融合通信可将语音、视频、数据等通信功能融于一体的通信系统，是通信技术和信息技术的融合，企业员工不仅可以通过音视频进行沟通交流，还能够通过统一通信平台分享数据、工作流。

为了满足广大企业协同办公需求，统一通信与协作全球领军企业亿联网络推出了从云到终端的 UC 协作全场景新品，打造专业会议、语音通信、高效协作和智慧办公四大能力矩阵，为广大政企提供 UC 全能力一站式解决方案。亿联网络围绕语音、会议、协作、智慧办公四大核心打造全能力矩阵，将音视频会议场景、办公室工位场景、多人协作场景和移动办公场景无缝串联，通过会议、通话、即时消息、互动协作、智慧会议室等模块混合互通，打通线上线下和内外部的信息鸿沟，为广大企业提供"终端 + 云 + 平台"的完整方案（图 12-13）。

图 12-13　亿联 UC 协作全场景产品

五、数字化转型及产品结构优化

Z 世代作为消费主力活跃在消费市场上，他们在消费过程中更重视精神内涵与价值认同，民族认同感和文化自信，并对带有民族文化印记的产品产生了强烈的消费欲。

以民族文化为内涵的国潮风已带来产业的消费升级，作为新中式黄金珠宝品牌的老庙，大胆地突破传统认知，在全新东方美学概念指导下，将婚嫁主题与文化特色强绑定，以年轻人对国潮文化的认可为切入点，抓住Z世代消费者心智与用户需求，从而进行产品设计，优化整体布局。

老庙有鹊系列产品以东方婚嫁喜事为基础，基于设计师自身对年轻潮流趋势的独到见解，延伸各自不同的设计风格，基于浪漫文化、地域风情、历史底蕴进行创新设计，以此解读当下年轻人对自己婚礼有新风格、新主张、新需求，突破传统婚嫁金饰的时尚设计方面的局限（图12-14）。且通过不同的风格主题为年轻的准新人们打造个性化的婚礼场景的同时，还利用创新设计延伸了产品既有的使用场景并运用可拆卸设计，为追求个性的年轻消费者提供自由搭配发挥的空间。

图12-14 老庙22年老庙有鹊系列产品

产品创新升级和渠道拓展的同时，老庙也在积极探索数字化转型之路。通过启动私域化部署，以私域社群方式个性化运营，迁移消费场景，实现门店客流到线上"云端"客户服务的转换。推动线下门店的智慧升级，引入AI智能机器人，提升门店整体形象和购物体验。且老庙于2023年成立了商品管理中心，自前端收集C端会员消费数据，利用数字化设备与大数据分析，解析客群画像与偏好，从而实现品牌从设计、产品、渠道到终端消费者的运营闭环，更高效及时地响应消费者需求（图12-15）。

图 12-15　老庙景荣楼智慧零售机器人

老凤祥作为龙头企业，同样注重网络推广营销。发挥微信公众号、抖音等新媒体效应，通过网络直播、会员商城等新销售方式，布局多元化销售渠道，吸引年轻客户群体。截至 2023 年底老凤祥上海本地会员数已超过 86 万，同比增长超 45%，会员规模快速扩张。[1]

优化产品结构意味着企业需要审视其产品组合，剔除不符合市场需求或盈利能力低下的产品，同时加强对高价值产品的开发。数字化可以帮助企业更精准地了解市场需求和产品表现，为产品结构的调整提供数据支持。且升级转型有助于建立在线销售渠道及改进供应链管理，可以更好地管理用户数据，与客户更好地衔接。

六、品牌营销与数字艺术结合

品牌营销是通过市场营销使客户形成对企业品牌和产品的认知过程，是企业要想不断获得和保持竞争优势，必须构建高品位的营销理念。目前品牌营销通过多种方式来拓宽自己的传播渠道。

---

[1] 老凤祥股份有限公司.老凤祥股份有限公司2023年年度报告[R/OL].（2024-04-30）[2024-06-24]. https://file.finance.sina.com.cn/211.154.219.97:9494/MRGG/CNSESH_STOCK/2024/2024-4/2024-04-30/10149326.PDF.

不少品牌已利用数字 NFT 技术，将品牌元素、标志性产品或限量版商品转化为独特的数字藏品。这些数字藏品可以在品牌官方网站、社交媒体或其他营销渠道上发行，吸引消费者购买和收藏，增强品牌忠诚度和认可度。

或是品牌举办数字 NFT 艺术展览，展示与品牌相关的数字艺术作品。这些展览可以通过线上或线下形式进行，为消费者提供一个欣赏和交流数字艺术的空间并邀请艺术家进行现场创作和表演，增加品牌的知名度和美誉度。或是品牌与其他领域的 NFT 项目进行跨界合作，共同推出限量版联名产品或活动等。

例如蔻驰（Coach）用 NFT 纪念品牌成立 80 周年并增加用户忠诚度。蔻驰（Coach）在 2022 年即品牌成立 80 周年之际，与 VaynerMedi 和 NFT.Kred 合作推出了蔻驰（Coach）的第一个 NFT 系列，共计 80 个，并在此后 8 天内免费送给粉丝（图 12-16）。该系列包含 8 个深受喜爱的角色，来自蔻驰（Coach）2021 年推出的小游戏《雪城》。每个角色都被制作成一个动画数字收藏品 NFT，并可在 2022 年兑换成一个可定制的 Rogue 奢侈品包。

2022 年 4 月，中国李宁推出"中国李宁无聊猿潮流运动俱乐部"系列服饰，该系列服饰以其购买的"无聊猿 #4102"形象为主题，结合自身品牌特点，融入时下热门的像素化风格

图 12-16　蔻驰（Coach）NFT 部分产品展示图

与飞盘、摩托等潮流元素，充分利用了该 NFT 的版权以及二次创作权。此外，中国李宁将"无聊猿#4102"定为其"无聊不无聊快闪店"的潮流主理人，并举办了主题快闪活动（图 12-17）。通过将虚拟世界元素融入现实空间，李宁用像素化的风格展示出了全新潮流运动的魅力以及无聊猿自由不羁的个性态度，这也是中国品牌第一次将虚拟 NFT 运用到实体经济赋能的大胆探索。

在教育教学方面，品牌或公司与 NFT 结合也激起不小火花。普华永道在 2022 年的新兴技术交流活动中推出了他们的第一个 NFT 系列。目标是通过实践活动为与会者提供有价值的 NFT 教育经验。这些 NFT 的发布也将有助于普华永道更进一步了解围绕 NFT 和智能合约技术的知识（图 12-18）。总体而言，普华永道通过 NFT 来增加粉丝的体验，并为他们自己的 NFT 网站带来流量。

图 12-17　李宁无聊猿俱乐部宣传海报

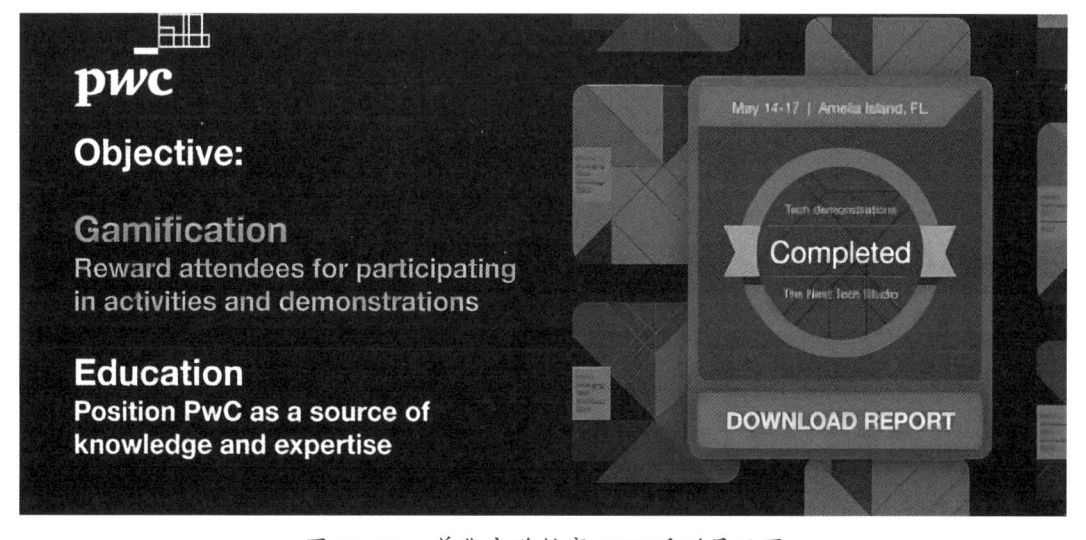

图 12-18　普华永道教育 NFT 系列展示图

目前品牌营销与数字 NFT 相结合，将两者效益最大化。NFT 作为一种基于区块链技术的产品，不同于虚拟的品牌形象，首先它是看得见、摸得着的品牌数字资产，这对品牌沉淀和利用数字资产开展营销有显著作用；其次，NFT 不仅可以提升品牌在现有受众群中的形象，同时也能吸引 Z 世代的受众，与粉丝拥有共同语言，传递品牌精神和品牌理念。

数字化时代的到来不仅转变了人们的消费方式，也推动了经济的快速发展，新的消费模式蕴藏着更大的消费潜能，消费者的消费模式更加的多样化，不仅提高了消费者的购物效率，更带动了更多产业的发展。

第四篇

上海时尚消费品行业趋势分析

INDUSTRY TREND ANALYSIS

第十三章　上海时尚消费品行业趋势
TREND OF SHANGHAI FASHION CONSUMER GOODS INDUSTRY

根据上文所分析的上海时尚消费品"时尚八品"各行业行业概况及热点盘点，可总结出上海时尚消费品行业的几大整体发展趋势，便于把握未来发展大方向并根据细分产业的特点进行合理化提升。

一、新中式国潮消费新动力

越来越多的年轻消费者欣赏并热爱国货品牌和传统文化，"国潮热"既是经济现象，更是文化现象，不仅彰显了中国制造水平的提升，更体现出当代消费者对传统文化的认同感和文化自信。《上海商业发展报告（2023）》中对上海商业品牌特别是国潮品牌做了专门调研，上海市民对国潮品牌消费认知有明显提升，约七成的上海消费者都会选择国潮品牌。

在国潮经济迅猛发展的背景下，国货潮品正经历着前所未有的升级与多样化过程。如今，国货潮品已不再是过去那种刻板、单调的形象，而是变得充满创意和活力。国潮文化的兴起，使得传统文化与现代时尚之间的界限变得模糊，从服饰到美妆，从生活家居用品到科技产品，

图 13-1　Bottle Dream × 小红书"循环时尚市集"海报

在展现出鲜明中国传统元素的基础上,结合现代设计方法或数字化技术,打造出独特而新颖的产品。

在服饰尚品和化妆美品行业尤为明显,多数品牌愈发成熟,通过创新设计和精细化生产,赢得了大批消费者的青睐。传统元素与现代时尚的融合,使得这些产品既具备文化内涵,又符合当代审美标准。最初不少产品只追求包装设计上的文化呈现,后续发展升级中将中国传统工艺融入产品的内核设计,或是通过产品本身的内涵特质来展现中国传统文化。例如佰草集、相宜本草、百雀羚等上海本地传统国货品牌非常注重自主研发,致力于开发独特的配方和技术,以满足不同肤质和需求的消费者。在产品中充分利用了中草药成分,强调了传统中医草本植物的疗效。此外,数字化技术的运用也让国潮品牌在市场竞争中脱颖而出,例如通过社交媒体平台的宣传和电商渠道的销售,提升了品牌知名度和市场占有率。

在未来,数字化技术的发展同样助力品牌以"元宇宙+IP"的形式红遍消费市场,虚拟形象被注入了其独特的情绪价值与文化内涵,通过元宇宙这一数字营销新形式增强与消费者的"纽带"。

在精致食品行业,传统节日和文化形成的国货消费日渐盛行。在消费者对于传统节日产品的关注点上,老字号品牌成为决策关键因素之一。随着购物渠道的多元化发展,以老字号为代表的大量传统品牌将迎来长足发展,其不断推陈出新,从产品端实现口味包装的破圈创新。

二、绿色可持续性发展

全球变暖等环境问题日益严重,愈来愈多的人开始关注绿色持续性产品,尤其90后群体普遍认为个人环保意识有利于改善气候难题,上海市也积极推动垃圾分类等政策的具体实施。因此,标注可持续与健康环保标签的产品在上海市民中受到认可和欢迎,这股"环保"风对于上海时尚消费品行业来说颇具机遇。

此外,由于可持续性发展的热度不减,在如"服饰尚品""生活佳品"等可循环利用的消费品类别中二手交易也热门起来。截至2022年9月,小红书上发布了20000多条关于"循环时尚"的帖子,同比增长639.0%,2022年12月,Bottle Dream和小红书在上海启动了一个名为"循环时尚市集"的项目(图13-1),该市集邀请时尚博主进行闲置摆摊、交换淘货等活动,号召更多热爱时尚的年轻人加入"可持续时尚"的队伍中。这种循环使用代替购买的市集为消费者提供了符合生活方式的消费环境,同时也增添了购物的体验性趣味,也可以为服装品牌建立自己的消费者圈层。

近年来,在服饰尚品、运动优品两个领域,双碳目标被纳入经济社会发展全局,绿色发展成为各行各业的价值共识。中国纺织工业联合会于 2021 年 6 月正式启动了"中国时尚品牌气候创新碳中和加速计划"，计划将在有关部门指导下和技术机构支持下，推动一批中国纺织服装行业品牌企业、制造企业参加"30·60 中国纺织服装碳中和加速计划"，推动重点产业集群开展"气候创新 2030 行动"，并引导气候创新行动碳中和先行示范。

服饰尚品行业各品牌在材料选择、生产工艺和供应链管理方面也正不断加强可持续性的努力，推出环保材料、循环再生产品，降低碳排放和水资源利用等措施。如 2022 年嘉麟杰与美国 PrimaLoft 公司联合研发的首款 100% 可回收、可生物降解的填充棉和人造纤维面料产品 PrimaLoft Bio Performance Fabric。基于改良的纤维科技，该技术在特定环境（陆地填埋以及海洋生态）条件下能够加速生物降解。该面料产品已成功实现量产。另外，在冬奥制服多功能起绒面料的开发及产业化研究项目中，嘉麟杰采用回收利用的废旧塑料瓶、纺织品做成的再生纱线完成再生循环，该项目获 2022 年度中国纺织工业联合会科技进步二等奖。

在运动优品行业的未来发展趋势中，绿色减碳行动的加快将成为重要的方向。随着环保意识的不断提高，消费者对于产品的环保性能和生产过程的可持续性越来越关注。为了响应这一趋势，运动优品行业采取有效措施来减少碳排放和环境影响。如更多地使用环保材料，推行绿三色包装，推动循环经济发展，如品牌推出可回收、可再利用的产品，或在产品使用寿命结束后进行回收和再利用。有助于减少废弃物的产生，节约资源，实现可持续发展。例如特步为响应建设"人与自然和谐共生的现代化"的号召，特别发起了步入 Green 绿色生活节，并设计线上线下环保跑，联合菜鸟开展旧鞋服回收活动，号召全民用绿色的方式畅跑六月，将集团可持续发展的理念延续。

可持续时尚的发展，不断体现在发展观念与产业实践、供给侧到消费端的统一性，以及以绿色原料、绿色设计、绿色生产、绿色营销、绿色消费为抓手的绿色产品全生命周期管理，将持续推动服饰尚品、运动优品全产业链制造高效化、清洁化、低碳化、可循环化发展。

在化妆美品行业，2023 年 6 月 2 日，上海市消保委召开专家与企业座谈会，发布化妆品绿色消费报告。该报告指出化妆品生产过程中消耗的原料、能源，资源消耗量大，推动化妆品行业低碳转型升级。这要求品牌积极贯彻国家的"双碳"发展战略，及时感知、适时布局，在原料、技术、包材等多端发力，积极构建绿色可持续的中国特色化妆美品品类产业体系。诸如上海林清轩生物科技有限公司，自主收购建立基地，从源头把控"纯天然"的品质，天然成分、极简包装等让消费者感知到企业的环保责任感，又或者借鉴资生堂品牌，在运营中推广可回收利用的产品包装，如可重复填充和使用的美容产品包装，增进消费者对低碳生活方式的了解。

未来，化妆美品企业应更注重生物技术的应用，推动天然成分的提取和利用，致力于研发更环保、纯天然的美妆个护产品，进一步推动了绿色美妆的市场需求。

在精致食品行业，根据2021年国务院发布的《国务院关于加快建立健全绿色低碳循环发展经济体系的指导意见》，上海市人民政府印发了《上海市关于加快建立健全绿色低碳循环发展经济体系的实施方案》，提出将统筹推进高质量发展和高水平保护，加快建立健全上海市绿色低碳循环发展的经济体系。[1]

上海的食品行业已在国家和政府的引导下积极开展绿色减碳行动，如"绿色餐厅"的实践。截至2022年，本市餐饮行业已有3000家餐厅荣获"上海市绿色餐厅"称号。[2] 杏花楼集团不仅推出小份菜、半份菜、大力推行"光盘行动"，杜绝"舌尖上的浪费"，还提供可降解材质的打包盒和无纺布购物袋，并严格厨余垃圾分类，减低对环境的污染。丰收日集团注重开源节流，节能减排，对水、电、气消耗进行定期监测分析，实施能源定额标准和责任制，把绿色发展的要求渗透到每个细节。

在国家"双碳"政策实施的社会背景下，消费者环境友好的意识不断提高，未来的精致食品行业应加快绿色减碳行动的脚步，实现食品行业全产业链的可持续变革。

在生活佳品行业，2019年国家发展改革委关于印发《绿色生活创建行动总体方案》的通知，在生活各方面提倡绿色减排。2021年10月，《关于完整准确全面贯彻新发展理念做好碳达峰碳中和工作的意见》以及《2030年前碳达峰行动方案》，两个重要文件的相继出台，共同构建了中国碳达峰、碳中和"1+N"政策体系的顶层设计。2022年上海市发布《上海市公共机构绿色低碳循环发展行动方案》，深入贯彻落实党中央、国务院关于碳达峰碳中和重大决策部署，助力上海"生态之城"建设，强化公共机构在能源资源节约和生态环境保护工作中的责任担当。

目前在生活的绿色出行、绿色建筑、绿色家居等方面均体现绿色生活理念，同时随着消费者的环保意识不断提升，对绿色、健康、安心的高品质家居生活需求扩张，各大家居企业充分拓展环保升级的绿色化营销。从"无醛添加"到"净醛"再到"抗菌"，家居行业不断打造差异化的环保产品。

除此外，上海逐渐出现的创意集合店采用可持续空间理念，运用零售和生活主题作为

---

[1] 上海市人民政府网.关于印发《上海市关于加快建立健全绿色低碳循环发展经济体系的实施方案》的通知[EB/OL].（2021-10-21）[2023-09-10]. https://www.shanghai.gov.cn/nw12344/20211021/bb02574688eb469aaa8a3b2e6a6cc5eb.html.

[2] 中新网上海.首届"上海绿色消费季"启动[EB/OL].（2022-09-02）[2023-09-10]. https://www.sh.chinanews.com.cn/bdrd/2022-09-02/102906.shtml.

载体（图13-2），为都市人群带来关于可持续生活方式的灵感和启发，激发更多消费者关于环保的思考。

生活佳品行业应积极响应上海"生态之城"建设政策，在公共环境中协同有序推进绿色、低碳和循环发展，在产品定位上供应消费者需求，为居家办公等生活场景打造优质环境。

在智能用品行业，上海本土企业在新能源汽车等绿色出行方式上的发展趋势明显，企业可借此进行营销宣传和产品升级，从而提升品牌美誉度与知名度；在工艺精品、数字潮品行业中，企业以可持续性绿色循环材料作为亮点，以触及买家需求，促进消费提升。

图13-2 可持续发展集合店宣传图

三、科技赋能产品，数字经济与实体经济融合发展

消费品往往是生活必需品也是可替代性较高的产品，在可选性众多的当下，企业想要吸引消费者，则需要提升产品特色。

利用科技赋能产品成为一大趋势。科技赋能产品主要体现在两方面：一是通过技术升级、加强研发能力等方式让产品更优质，能够在同类竞品中凸显自身差异性与独特性；二是通过数字经济赋能实体产业的方式，实现企业管理"数字化"与市场营销"科技化"，从而由内到外高效发展。

1. 聚焦前沿，转化研发成果

以科技赋能产品主要体现在"化妆美业""智能优品"等依赖技术迭代突破实现产品升级的消费品行业中。

在化妆美品行业，《上海市化妆品产业高质量发展行动计划》（2021—2023年）中强调加强对新原料、功效原料、香精香料和中国特色植物资源原料的攻关，结合我国传统优势项目和特色植物资源研发化妆品原料成分。随着市场需求的不断提升，上海美妆个护企业聚焦前沿科技相关成果，不断与研发机构和高等院校等建立合作关系，近年来在人工智能、生物技术、材料科学等领域取得了重大成就。成果涵盖了智能化护肤、个性化定制化妆品、生物技术提取成分等各个方面，为化妆美品行业带来了更多的创新思路和市场机遇。2022年12

月雅诗兰黛在上海漕河泾科技绿洲园区成立新的中国创新实验室，以推动中国市场的产品开发。科技在化妆美品上的助力，有利于提升产品的不可替代性，吸引消费者的认可与购买。未来化妆美品行业仍需聚焦新材料、新功效，打造高质量产品线。

在精致食品行业，科技成果主要体现在预制菜赛道上。预制菜商家打出更为科学、精致和方便的口号，不少传统食品企业加入。《2022年中国（上海）预制菜产业趋势白皮书》对外发布，并指出2020年后中国预制菜已进入高速发展期，据商务部数据显示，2022全国网上年货节期间，预制菜销售额同比增长45.9%；其中，叮咚买菜的预制菜同比增长400%，淘宝预制菜的销量同比增长了100%，盒马预制菜的销量同比增长345%。传播"真实、可信任、新鲜"的产品认知，是诸如松鹤楼、海底捞等连锁餐饮品牌的目标，而这依赖于食品保鲜锁味等技术的进步。但是，目前消费者对"预制菜"健康与安全保障仍持怀疑态度，如何提升消费者对"预制菜"的信任度在未来可能成为一大突破点。

在生活佳品行业，家居智能化是居民消费升级、享受更加舒适便捷的智慧生活的大势所趋，也是传统家居制造业的新发展的必经之路（图13-3）。目前部分智能家居企业已具备较完备的硬性条件，行业处于稳步发展阶段，渗透率持续提升，逐步走向成熟。提高智能化家居适配度，优化智能化系统适应多样场景，在居家环境中兼具智能化与人性化的科技成果在未来几年可成为该行业的研发升级方向。

图 13-3　数字化智能家居概念图

在数字潮品行业，2022年工业和信息化部、商务部、市场监管总局、药监局、知识产权局等五部门联合发布了《数字化助力消费品工业"三品"行动方案（2022—2025年）》。随着新一代数字技术蓬勃发展，数字经济新动能持续增强，实体经济发展模式、生产方式深刻变革，数字化发展已成为必然趋势。

上海市政府近些年大力推动数字产业化和产业数字化发展，已逐渐实现数字经济与实体经济的深度融合。以5G、人工智能等为代表的新兴数字技术产业化进程不断加速，为全球产业链升级提供关键支撑。未来，制造业数字化转型速度有望进一步加快。物联网、云计算和区块链等技术充分释放制造业数字化后发优势。各产业公司纷纷推出数字化产品，例如上海百琪迈科技（集团）有限公司是集3D虚拟和柔性材料、复合材料图形处理及智能裁剪设备的研发和设计于一体的创新型科技企业，目前公司充分利用数字化转型将服装时尚行业的智能化应用中成为现实（图13-4）。

2. 数字化驱动，产业结构升级

未来经济大环境重新走向确定性，流量红利逐渐退却，对存量消费者的竞争变得愈发激烈，善用多元渠道、布局重点渠道才能抢占消费者眼球。时尚消费品企业应通过资源聚合，与创意设计、文化旅游等多方融合推动全领域品类创新发展，优化供应链管理，整合市场营销策略和资源，不断深化合作，通过线上线下协同赋能、"直播+"系列宣推服务、元宇宙场景创新等，实现从单一宣传力向影响力、传播力、创造力与生产力的转化，为品牌持续赋能。

在服饰尚品行业，企业应把握数字化发展新机遇，拓展经济发展新空间。2020年，金山区成立了金山区工业互联网联盟，通过联盟这一平台，开展了纺织服装、新材料领域多场需

图13-4　百琪迈科技（集团）有限公司数字化转型虚拟成衣服

求对接会，促成了嘉乐股份、群力化工等多家企业数字化改造项目建设。2022年，嘉乐一期智能化改造项目进展顺利，通过在原有设备上安装传感器、控制器、执行机构、铺设网关网线等一系列智能化改造，降低了各道工序的操作难度，相关工序的生产效率大幅提升。后期，上海嘉乐将在织造染整工厂更换智能设备，采用行业首提的AI验布等创新技术；在成衣工厂将采用行业首次提出的裁片缺陷智能视觉检测技术、智能缝纫产线等技术，将拉布、剪裁等智能化生产全线打通，最终走出一条由低端制造迈向敏捷、柔性高端制造的数字化转型之路，成为金山的"犀牛制造"。[1]

同时，随着人工智能技术持续发展，元宇宙成为Z世代的兴趣点，上海市政府鼓励数字化走进生活，虚拟时尚、虚拟平台成为一大亮点。自2022年上海时装周开始，上海站在数字时尚的前沿，利用元宇宙、VR/AR技术打造虚拟现实生活成为了一大重要趋势。在"服饰尚品""运动优品"等领域，推出具有未来主义设计的产品，结合科技以提升在虚拟现实中的吸引力成为了品牌思考与执行的一大方向。

越来越多的传统纺服企业借助数字经济赋能，加速向数字化、网络化、智能化迈进，"互联网+纺织"有望成为我国纺服行业未来发展趋势之一。

在生活佳品行业，新一代AI正被应用于精细化喂养、智能化育儿，将算法模型与大数据相结合植入常见的母婴家庭生活，通过AI赋能，搭建全场景母婴家庭智能生活解决方案。在宠物用品行业，随着供给侧互联网技术的发展，需求侧宠物主养宠消费的升级以及健康养宠意识的提升，未来宠物健康医疗服务线上化发展迎来契机，并且会作为线下宠物健康医疗服务的重要补充，实现宠物健康医疗服务全渠道模式融合发展，提高宠物就医效率，改善宠物就医体验也可成为未来契机。

在数字潮品行业，鼓励数字领域企业发展虚拟时尚，重点发展数字精品、数字时装、数字虚拟人等新时尚，打造上海"潮流数字推荐官"品牌形象，上线个性化、高流量、多接口的虚拟应用。

推动消费品与教育教学、音乐艺术、网络文学、动漫电竞等数字内容产业融合，推出各类数字化消费潮品。科技赋能生活已经成为上海市时尚消费品发展的重要趋势，科技走入学习、娱乐、健身等多个领域有待成为吸引消费的一大亮点。

在智能用品行业，从技术创新角度，一方面将AI技术融入每一个办公环节，为企业构建全链路智能化的协同办公体系能够有效提升各个行业的管理机制。例如，企业可以利用AI技术实现自动化、智能化的信息处理和管理，如通过自然语言处理（NLP）技术实现文件的智

---

[1] 上观新闻."金山犀牛"协同智造，数字化赋能纺织服装制造新模式[EB/OL].(2024-04-15)[2024-06-22].https://sghexport.shobserver.com/html/baijiahao/2021/04/15/408322.html.

能分类和搜索；通过机器学习技术实现预测性维护和安全保障；利用智能辅助决策系统实现决策过程的优化等。依托多种 AI 能力的全面高效应用，为办公体系的升级优化提供更充足技术支撑，进而帮助企业真正实现可跨时间、跨地域的智能化高效协同办公。另一方面，将云计算与数字办公相结合，将数字办公应用整体迁移上云，打造先进的云端协同办公体系，进一步优化 IT 资源的利用效率，以及员工整体办公效率和体验。例如，通过搭建云办公平台智能协作平台、云端知识库等手段，使员工能基于手机、平板电脑等移动终端，随时随地访问工作所需文件和数据，加强企业知识流通和共享能力，提升企业内外部协同协作效率；利用云办公平台具备的多种先进安全防护能力，在员工离职或项目完成时，使企业能够一键远程擦除设备，合理保护公司数据资产不受损害，优化企业数据安全保障能力等。

综上所述，时尚消费品各行业可通过数字化管理提升企业运作效率，借助 AI 等技术创想营销活动，推出虚拟产品。数字技术在未来将成为促进实体经济效率提升及经济增长的重要机制。

四、文化助力商品，"寓教于乐"内容至上

上海文创产业的发展一直在全国处于领先地位，美育在上海生活中无时无刻不发挥着作用，提升了市民的审美意识，丰富了市民的精神文化生活，潜移默化地"寓教于乐"。当下的消费者呈现出愿意为精神文化产品"买单"的消费意识，尤其是中国传统文化相关的"国潮"联名产品广受欢迎。

在服饰尚品行业，伴随我国新消费的转型升级和文化自信的更加坚定，以国风国潮为代表的"中国风尚"已深入人心。艾瑞咨询于 2021 年 12 月进行的消费者调查显示，81% 的消费者会回购国潮产品，主要由"中国风"元素及爱国情怀支撑。其中"潮"的驱动因素更大。[1]

处于供给端的各产业集群也不遗余力地挖掘自身区域文化，发挥各自特长，重焕传统文化新机。上海作为中国时尚的重要中心，大量的本土设计师品牌和原创设计团队将中国传统文化与现代设计结合，推出独具特色的本土时尚产品，逐渐受到国内外消费者的认可，为上海服饰尚品行业注入了新的活力与创意。

2022 年 9 月在上海新华路 345 弄热闹开启的第二届可持续时装周。这一次，吉福行邀请了张镇川、阿肆、丁一等 9 位分别来自服装、配饰、改造领域的新锐设计师，共同发布了侗族绣片改造系列。同时，他们还举办了"少数民族染织绣的物像叙事：神话、传说与民间故事"专题讲座，并设置了手工百褶裙混搭区、多民族手工艺 mini 展、手工 N 次方共创区等活动环

---

[1] 艾瑞咨询. 艾瑞观潮：服装行业七大风向 [EB/OL].(2022-01)[2024-06-22].https://www.idigital.com.cn/nfs/reports/874a21839ac3bc2cef6d/74644cda03fdf0bb0080.pdf.

节，让参与者深度感受民族风情与现代设计艺术碰撞。

麦肯锡《2022中国时尚产业白皮书》显示，随着消费者对本土品牌的信心和偏爱不断提升，越来越多的中国新锐品牌应运而生，蓬勃生长。过去10年，国产品牌在中国服装行业20强中的销售额贡献稳步提升。尤其是在电商等新兴平台，国产品牌与爆款商品不断涌现。[1]中国纺织服饰产业以中国特色时尚文化复兴为特征，本土品牌将逐步摆脱由西方时尚文化主导的跟随型、依附型发展模式，基于传统与当代时尚文化资源的加速融合，时尚人格更趋原创、独立、丰富，国潮驱动下的"世界级时尚品牌"诞生有望。

国潮风在服饰尚品、运动优品等行业已不再是新鲜事，但这种文化营销模式转向精致食品、工艺精品等行业将激发消费者的热情与关注度。上海元古云境餐饮公司在愚园路、五元路等具有海派文化情调的街道上打造具有中式审美意境的精致餐饮门店，推出以古诗词命名的酒水菜单，以及具有中式特色的主食、甜品，吸引了众多食客的兴趣。消费者乐于在中式山水氛围之下用餐，从某个层面反映出人们在审美趣味与格调上的提升，和对本民族文化的自信心与认可度的提高（图13-5）。在工艺精品行业，在肩负传承与保护传统文化的任务之下，工艺美术行业也应推动产业跨界融合发展，通过创新合作，与文化IP联名，提升产品附加值与品牌竞争力。

图13-5　元古云境室内格调

---

[1] 麦肯锡. 2022中国时尚产业白皮书[EB/OL].(2022-09)[2024-06-22].https://www.mckinsey.com.cn/2022%e4%b8%ad%e5%9b%bd%e6%97%b6%e5%b0%9a%e4%ba%a7%e4%b8%9a%e7%99%bd%e7%9a%ae%e4%b9%a6-%e7%94%b1e9%87%8f%e8%bd%ac%e8%b4%a8%ef%bc%9a%e5%bc%80%e5%90%af%e4%b8%ad%e5%9b%bd%e6%97%b6%e5%b0%9a/.

2023年3月，工业和信息化部等十一部门联合发布了《关于培育传统优势食品产区和地方特色食品产业的指导意见》，引导地方充分发挥资源禀赋优势，推动形成"百花齐放"的特色食品产业发展格局，培育食品产业发展新动能，为稳定工业经济增长发挥更重要的作用。中国食品工业协会联合天猫食品等单位共同发布的《2022食品年度六大商业热点》中也显示，全国各地的"家乡味道"受到广泛关注，同时也呈现出地域品牌全国化、地方美食线上化的发展趋势。[1] 可以说，未来深入挖掘本地传统食材、烹饪技艺和饮食文化，将其与创新理念相结合，推出富有区域特色和独特风味的产品，将不断满足消费者对地域特色食品的需求，增强企业及地区品牌认同感，彰显中国博大精深的传统饮食文化。

文化助力产业将渗透到时尚消费品的方方面面，其重点在于要关注内容，而并非只是将传统文化作为视觉符号标记在产品上，前几年"生搬硬套"的方式已经不再能满足当下的消费者需求，如何让民族精神、文化内涵融会贯通于产品之中成为了各类消费品企业值得思考与关注的问题。

五、产品市场进一步细分

产品市场的细分有利于巩固品牌核心客户关系，企业应当"对症下药"，根据不同的客户画像打造不同产品线的差异化形象。以"健康生活"这一消费者需求为例，尽管消费者逐渐意识到"节省开支"的重要性，但面对高性价比、利于健康生活的消费品仍有需求与支付意愿，这也让产品细分有了一定的必要性，健身、瑜伽、露营、Citywalk（城市户外运动）等相关的高端产品吸引着一大批有着精致健康生活习惯的在沪年轻人。为了更好地外观管理，健康食品与饮料的需求趋势也相应增加，植物性和功能性的食品与饮料销量不断增长，中国非酒精饮料市场中无糖饮料的市场份额占比从2020年的3.0%提升至2022年的3.9%，各类知名企业纷纷推出益生菌饮品、低热量饮品等吸引消费；而酒精饮料市场中，由于消费者开始偏向高端产品，产品也进一步细分出高端酒品领域。

由此可见，"时尚八品"中的所有企业都应当明确价值主张，重点聚焦核心购物人群，将产品经济效益和需求评估做好进一步的市场细化，吸引并巩固目标客户群体。

---

1 电商报. 天猫食品发布2022食品年度六大商业热点[EB/OL].（2022-05-31）[2023-09-10]. http://www.dsb.cn/187328.html.

六、O2O 模式向 DTC 模式成长，多元化体验备受欢迎

O2O（Online To Online）模式依旧是大势所趋，时尚消费品企业可以自主建立 O2O 业务，打造符合渠道特点的销售模式。同时企业也应该关注向 DTC[1] 模式的转型，这样的销售模式于顾客而言可以更好地感受品牌文化，提升消费体验感；于品牌而言可以将用户转化到私域，设计统一的营销策略，更好地抓住目标消费群体。DTC 模式更适用于已经积累一定数量固定客户、已经具有实体门店的企业，尽管目前电商与直播卖货仍处于热门，但 DTC 模式能够更为直接地接触客户，是部分企业可尝试的发展方向。

在 DTC 模式下，内容成为决定产品成败的关键因素之一。具体来说，DTC 品牌利用社交媒体降低获客成本，让人们在快节奏下的生活，在平台上分享自己的购买欲望，利用各种平台和短视频的推广去强化消费者记忆，驱动着他们将使用感受反馈到促使消费者更加积极发声，与 DTC 品牌共同完成内容共创。[2] 国产品牌观夏 To Summer 诞生于 2018 年，观夏没有采取过多的电商营销模式，而是积极探索线下活动，以更为直接的方式面向客户展现其"东方文化香氛品牌"的调性。2020 年，观夏通过与松美术馆联名推出松香主题四季香薰从而确立自己的艺术调性；2022 年，观夏在上海开设"观夏闲庭"线下空间（图 13-6），与其说这是一个实体店铺不如说这是观夏的品牌文化客厅，在观夏闲庭中，东方文化优雅清冷的氛围无所不在，从而吸引了许多消费者线下门店体验消费，而不是在电商旗舰店上直接下单。

DTC 模式对于上海时尚消费品品牌来说具有一定的挑战性，但其比较于 O2O 模式，则更能够增加客户黏性、建立品牌私域客群。这种模式对于品牌的持续性发展有一定的帮助。

七、总结

综上所述，未来上海时尚消费品行业发展优化的目标可以从三个角度考虑：其一是产品优化，关注绿色可持续、国潮等标签，科技赋能产品实用功能，文化助力产品情感价值以及产品市场细分；其二是企业数字化转型，包括数字化管理体系升级以及数字化营销方案拓展；其三是客户关系优化，借助 DTC 模式及市场营销与公关手段拉近客户关系，塑造稳定客群，吸引新客群，提升品牌效益。

---

1 DTC 指的是"Direct to Customer"，既省略中间平台，品牌直接面向消费者。
2 张青卓,梁学勇.策略更需要设计——DTC 模式下宠物服装品牌视觉落地完美执行[J].艺术研究,2023（02）:174-176.

图 13-6　上海观夏闲庭

图书在版编目（CIP）数据

上海时尚消费品产业研究 / 马晨曲著 . -- 上海：东华大学出版社 , 2024.7
ISBN 978-7-5669-2403-2

Ⅰ. ①上… Ⅱ. ①马… Ⅲ. ①？Ⅳ. ① F426.8

中国国家版本馆 CIP 数据核字第 2024VS3692 号

责任编辑：范　榕
封面设计：袁乐乐
装帧设计：上海商务数码图像技术有限公司

上海时尚消费品产业研究

SHANGHAI SHISHANG XIAOFEIPIN CHANYE YANJIU

著：马晨曲
出　　版：东华大学出版社（上海市延安西路1882号，邮政编码：200051）
本社网址：dhupress.dhu.edu.cn
天猫旗舰店：http://dhdx.tmall.com
营销中心：021-62193056　62373056　62379558
印　　刷：上海盛通时代印刷有限公司
开　　本：787mm×1092mm　1/16
印　　张：13.75
字　　数：350千字
版　　次：2024年7月第1版
印　　次：2024年7月第1次印刷
书　　号：ISBN 978-7-5669-2403-2
定　　价：78.00元